RAYMOND

ou

LE SECRET DE LA REINE

OPÉRA-COMIQUE EN TROIS ACTES

PAR

MM. ROSIER ET DE LEUVEN

MUSIQUE DE

M. AMBROISE THOMAS

(de l'Institut)

Représenté pour la première fois sur le théâtre de l'Opéra-Comique
le 5 juin 1851.

PARIS

D. GIRAUD ET J. DAGNEAU, LIBRAIRES-ÉDITEURS

18, RUE GUÉNÉGAUD (ANCIEN 24)

1851

PERSONNAGES.

RAYMOND...	M. BOULO.
LE CHEVALIER DE ROSARGUE.......................	M. MOCKER.
LE BARON DES GENETS.............................	M. BUSSINE.
M. DE SAINT-MARS.................................	M. DUVERNOY.
LA COMTESSE DE MONTBRIANT....................	Mlle LEMERCIER.
STELLA...	Mlle LEFEBVRE.
UN GREFFIER.......................................	M. NATHAN.
UN MATELOT..	M. LEBEL.
UN GARÇON D'AUBERGE...........................	M. LEJEUNE.

UN HOMME MASQUÉ.
LE PRIEUR DU MONASTÈRE DE LÉRINS, personnage muet.

Au premier acte. — Paysans, paysannes, colporteurs, marchands forains.
Au deuxième acte. — Seigneurs de la cour, acteurs, actrices, bergers, bergères, zéphyrs, etc.
Au troisième acte. — Moines, pêcheurs, matelots, gardes, paysannes.

La scène se passe en 1658. — Le premier acte, dans la forêt de Fontainebleau, près le village de Moret. — Le deuxième acte, au château de Fontainebleau. — Le troisième acte, au monastère de Lérins, dans l'île Saint-Honorat.

NOTE ESSENTIELLE.

La mise en scène *exacte* de cet ouvrage, parfaitement réglée par M. E. Mocker, est rédigée et publiée par M. L. Palianti.

PARIS. — IMPRIMERIE DE J. CLAYE ET Cie,
RUE SAINT-BENOÎT, 7.

ACTE PREMIER.

LA FORÊT DE FONTAINEBLEAU.

L'étoile de l'Obélisque, sur la lisière de la forêt. Dans le fond, une échappée sur le village de Moret. A gauche, des tables devant une hôtellerie, tenue par un garde de la forêt. A droite, au fond, un mât avec le but du tir à l'arbalète. A droite, une petite table rustique avec tout ce qu'il faut pour écrire.

SCÈNE I.

PAYSANS, COLPORTEURS et MARCHANDS FORAINS *avec boutiques portatives*, puis des JEUNES PAYSANS, un GREFFIER.

(*Au lever du rideau, de vieux paysans sont attablés devant l'hôtellerie à gauche, et des garçons leur servent du vin. Au fond, les colporteurs et marchands sont entourés de paysans et paysannes qui se livrent à différents jeux forains.*)

INTRODUCTION.

CHOEUR.

C'est grande fête au village,
Et nous allons, aujourd'hui,
Célébrer le mariage
Et le bonheur d'un ami!

(*A ce moment, entrent en scène de jeunes paysans portant sur l'épaule une arbalète; ils sont précédés de tambours et d'une bannière; ils s'approchent de la petite table à droite.*)

CHOEUR DES JEUNES GARÇONS.

Compagnons, la liste est prête,
Accourons tous!
Pour le tir à l'arbalète
Inscrivons-nous!
A la beauté que l'on aime,
Mes chers amis,
Ah! c'est un bonheur extrême
D'offrir le prix!

CHOEUR DES VIEILLARDS, *buvant aux tables à gauche et montrant les jeunes gens qui se font inscrire.*

Dans notre verte jeunesse,
Je m'en souviens,

Francs tireurs, remplis d'adresse,
   Nous visions bien.
S'ils sont passés, mes compères,
   Ces jours trop courts,
Nous pouvons, au choc des verres !
   Lutter toujours !

SCÈNE II.

Les Mêmes, RAYMOND, STELLA, jeunes Filles vêtues de blanc.

CHOEUR GÉNÉRAL.

C'est grande fête au village,
Et nous allons, aujourd'hui,
Célébrer le mariage
Et le bonheur d'un ami !

RAYMOND, *aux paysans.*
Amis, que je vous remercie
Des vœux que vous faites pour nous !

LES JEUNES PAYSANS, *entourant Stella.*
Ah ! qu'elle est accorte et jolie !
Est-il un plus heureux époux !

STELLA, *aux paysans.*
Point de compliment, je vous prie ;
Je suis mécontente de vous !

LES PAYSANS.
            De nous ?

STELLA.
Oui, fort mécontente de vous.
Pour l'arbalète on néglige la danse,
Qui doit, ce soir, animer tous les cœurs ;
Pas un de vous ne s'est inscrit d'avance
Sur la liste de mes danseurs.

LES JEUNES FILLES.
C'est affreux !...

RAYMOND.
      Pardonnez... ils ont perdu la tête ;
Car ce beau jour, qui va nous voir unis,
   Est aussi celui de la fête
De saint Hubert, le patron du pays !

CHOEUR DES JEUNES FILLES.

Ah ! c'est égal,
Ah ! c'est égal !
Avant tout, doit passer le bal !

ACTE I, SCÈNE II.

LES JEUNES GENS, *suppliant Stella.*
Sur votre liste inscrivez-nous!
STELLA.
Il est trop tard... tant pis pour vous!
(*Des roulements de tambour se font entendre.*)
STELLA.
Mais voici le signal de montrer votre adresse.
TOUS LES GARÇONS, *reprenant leurs arbalètes.*
Allons, allons, que l'on s'empresse!
Amis, du coup d'œil, de l'adresse!
LE GREFFIER, *près de la table, appelant les tours.*
Numéro un! Éloy!..
UN GARÇON, *s'avançant.*
C'est moi! (*Roulement de tambour,
pendant lequel le paysan met en joue et tire.*)
TOUS LES GARÇONS ET LES JEUNES FILLES, *riant.*
Ah! ah! ah! ah! ah! ah!
Ce n'est pas lui qui gagnera.
LES VIEILLARDS *riant.*
Ah! ah! ah! de mon temps, oui-da,
Nous visions bien mieux que cela!
LE GREFFIER, *appelant.*
Numéro deux!... Rémy?
UN AUTRE PAYSAN, *s'avançant.*
Voici!
(*Roulement de tambour. Il met en joue et tire.*)

Reprise.

Ah! ah! ah! ah! ah! ah!
Etc., etc., etc.
LES VIEILLARDS, *riant.*
Ah! ah! ah! de mon temps, oui-da,
Etc., etc.
LE GREFFIER.
Numéro trois! Raymond!
RAYMOND, *s'avançant et prenant une arbalète des mains d'un paysan.*)
Présent!
TOUS.
Le marié!... c'est imprudent!
RAYMOND, *de même.*
On me l'a dit; mais oui, vraiment...
Perdre le prix, le jour où l'on entre en ménage,
Ce serait d'un mauvais présage...
Aussi...
(*Il embrasse Stella.*)

STELLA.
Que faites-vous?
RAYMOND.
Grâce à ce baiser-là,
Saint Hubert me protégera!
(*Roulement de tambour. Il vise et tire. Aussitôt éclatent de brillantes fanfares.*)

CHOEUR.

A lui la gloire!
Il est vainqueur!
LE GREFFIER, *remettant à Raymond une fleur d'argent.*
Voici le prix de la victoire!
RAYMOND, *la prenant.*
Une fleur d'argent!
TOUS.
Quel honneur!
RAYMOND, *s'approchant de Stella.*

Couplets.

Si j'étais roi, si j'étais roi de France,
A la beauté dont mon cœur est épris,
Je donnerais trésors, éclat, puissance,
Je donnerais diamants et rubis...
Mais je ne suis que roi de l'arbalète,
Mais je ne suis qu'un simple laboureur;
Ma fiancée, à ta blanche toilette
Ah! je ne puis attacher qu'une fleur.
(*Il place la fleur au corsage de Stella.*)

2e Couplet.

Si j'étais roi, si j'étais roi de France,
Je voudrais voir briller autour de toi,
Pages, seigneurs d'une illustre naissance,
Heureux et fiers de fléchir sous ta loi...
Mais je ne suis qu'un roi sans entourage,
Mais je ne suis qu'un simple laboureur,
Et, pour chérir ton bien heureux servage,
Ah! je ne puis te donner que mon cœur.

CHOEUR GÉNÉRAL.

Vive Raymond! gloire au vainqueur!
RAYMOND, *aux paysans.*
Après la cérémonie,
A ma ferme je vous attends...

STELLA.

Notre noce sera jolie;
Croyez moi, malheur aux absents!

Rondeau.

Les beaux jours perdus
Ne reviennent plus;
Sachons bien saisir
L'instant du plaisir!
(*Aux vieillards.*)
Tout est préparé,
Le vin est tiré,
Un vin généreux,
Surtout des plus vieux!
(*Aux jeunes gens.*)
Après le régal,
Nous aurons le bal,
Et nous danserons
Au son des chansons.
(*Aux jeunes filles.*)
Gaîté, doux entrain,
Jusqu'au lendemain,
Vont nous réunir
Et nous retenir!
Les beaux jours perdus
Ne reviennent plus;
Vite il faut saisir
L'instant du plaisir.

CHOEUR DES JEUNES GARÇONS ET DES JEUNES FILLES.

Puisque nos beaux jours,
Amis, sont si courts,
Vite il faut saisir
L'instant du plaisir!

(*Les jeunes gens et les jeunes filles se prennent par le bras et sortent en dansant. Les vieillards les suivent et marchent lentement.*)

LES VIEILLARDS, *d'une voix chevrotante.*

Dans notre verte jeunesse,
Je m'en souvien,
Beaux danseurs, pleins de souplesse,
Nous allions bien.
S'ils sont passés, mes compères,
Ces jours trop courts;
Nous pouvons, au choc des verres,
Lutter toujours!

SCÈNE III.

RAYMOND, STELLA.

RAYMOND.
Enfin nous voilà seuls! nous pouvons respirer un moment.

STELLA.
C'est si ennuyeux d'être heureux en public! Mais comme c'est agréable d'être heureux en particulier!

RAYMOND.
En tête à tête!

STELLA.
Et, malgré cela, tout à l'heure, je vous ai trouvé un air préoccupé... Gage que c'est encore quelque idée d'ambition qui vous tourmente!...

RAYMOND.
J'en conviens; et lorsque je vois ces jolis yeux, cette jolie main, ce joli pied, cette jolie taille...

STELLA.
Eh bien! tout cela ne vous suffit pas?...

RAYMOND, *vivement.*
Ah! oui, sous ce rapport, j'ai du superflu.

STELLA, *gaiement.*
Que vous faut-il encore?...

RAYMOND.
Il me faudrait, pour ces jolis yeux, un plus beau spectacle que celui d'un village; pour cette jolie main, quelque chose de mieux qu'une aiguille ou un fuseau, et, pour ces petits pieds, un autre tapis à fouler que l'herbe de nos campagnes.

STELLA.
Tenez, avec votre ambition, vous m'impatientez, vous me faites peur.

RAYMOND.
Peur!

STELLA.
Et cependant, monsieur, vous devriez être satisfait!... car enfin, il y a un an, vous n'aviez rien... Aussi, vous étiez d'un triste... mais moi, qui ai la gaieté du bonheur dans les beaux jours, et la gaieté de l'espérance dans les mauvais...

RAYMOND.
Ce qui fait que ta gaieté ne court pas de risques...

STELLA.
Moi, monsieur, je vous disais...

Couplets.

Espoir et confiance!
Le ciel, dans sa bonté,

ACTE I, SCÈNE III.

Tôt ou tard, récompense
Travail et probité !
   Du courage !
Le bon temps viendra ;
   Après l'orage,
Un beau jour luira.
Eh bien ! ce beau jour-là,
   Le voilà !
   Le voilà !

2ᵉ Couplet.

Quand un tuteur sévère
Voulait nous séparer,
Une voix douce et chère
Te disait d'espérer !...
   Du courage !
Le bon temps viendra ;
   Notre mariage,
Dieu le bénira !
Eh bien ! ce beau jour-là,
   Le voilà !
   Le voilà !

RAYMOND.

Oui, c'est vrai... mais, malgré cela, je t'en prie, laisse-moi être ambitieux.

STELLA.

Encore !

RAYMOND.

Rien qu'un peu !... et pour toi !

STELLA, *au public*.

Du moment que c'est pour moi !... (*A Raymond.*) Après ça, tu es le maître, tu es le chef, et tu pourras bientôt dire, dans ton ménage, comme notre jeune roi Louis XIV dans son royaume : « L'État, c'est moi ! »

RAYMOND.

Eh bien ! sais-tu quelle serait mon ambition pour le moment ?

STELLA.

Je m'en doute.... Tu voudrais à ta noce des gens de qualité.... Eh bien ! n'auras-tu pas un gentilhomme..... le chevalier de Rosargue ?...

RAYMOND, *avec répulsion*.

Je n'aime pas cet homme-là.... D'abord, il n'a pas une bonne réputation.... On ne sait pas trop ce qu'il fait dans ce village....

STELLA.

Mais il est aimable, bienveillant avec moi.

RAYMOND.
Oui... il est plus souvent à ma ferme que chez lui... On dirait qu'il me surveille...

STELLA.
Quelle idée !

RAYMOND.
Bref, le chevalier ne me revient pas du tout...

STELLA.
Chut!... Tais-toi!... Voilà cette comtesse et ce baron, arrivés d'hier dans l'hôtellerie...

RAYMOND.
La comtesse est charmante !..

STELLA.
C'est ça... parce que, tout à l'heure, à la fête, elle a regardé monsieur avec une grande attention... Ça a flatté monsieur...

RAYMOND.
Les voici !..

SCÈNE IV.

Les Mêmes, LA COMTESSE DE MONTBRIANT, LE BARON DES GENETS.

(Il se sont avancés lentement par le fond. — Raymond les montre à Stella et semble l'encourager à leur adresser une demande.)

LA COMTESSE, *regardant Raymond, à part.*
C'est lui !

LE BARON, *à part, regardant aussi Raymond.*
Encore ce paysan!.. (*Haut.*) Je n'aime pas cet endroit-ci, comtesse.

LA COMTESSE, *avec autorité.*
Vous vous trompez, baron, vous l'aimez beaucoup.

LE BARON, *avec soumission.*
Ah! c'est bien possible. (*A part.*) Comme elle regarde ce paysan!.. J'ai bien envie, pour me venger, de regarder cette paysanne, moi !..

LA COMTESSE, *à Raymond et à Stella.*
Avancez, mes amis, avancez...

STELLA, *hésitant.*
C'est que, madame la comtesse...

LA COMTESSE, *souriant.*
C'est que vous avez quelque chose à nous demander...

STELLA.
Madame la comtesse a eu la bonté de deviner du premier coup.

LA COMTESSE.

C'est bien;... mais, monsieur le baron et moi, nous avons d'abord une curiosité à satisfaire.

LE BARON.

Oh! moi, je ne suis pas curieux de...

LA COMTESSE, *d'un ton imposant.*

Vous avez, baron, une curiosité à satisfaire.

LE BARON, *brusquement, avec humeur.*

J'ai, sans qu'il y paraisse, une très-grande curiosité à satisfaire.

LA COMTESSE.

Vous voyez bien.

STELLA, *avec une révérence.*

Nous voilà aux ordres de madame la comtesse et de monsieur le baron... Que désirent-ils savoir de nous?

LA COMTESSE.

Votre histoire, tout simplement, histoire de travail, de joie et de simplicité... Baron, je ne sais pas si vous êtes comme moi, mais ces sortes d'histoires me plaisent infiniment.

LE BARON, *avec indifférence et ennui.*

Oh! moi, je...

LA COMTESSE, *d'un ton d'autorité.*

Elles vous plaisent infiniment aussi.

LE BARON, *avec plus d'humeur.*

Elles me plaisent aussi infiniment, ces sortes d'histoires!

LA COMTESSE.

Des siéges, mes amis?

LE BARON, *à part, désignant la comtesse.*

Elle regarde toujours son paysan... comme c'est flatteur pour moi!...

(*Raymond et Stella ont avancé des siéges, la comtesse et le baron se sont assis.*)

LA COMTESSE, *à Raymond.*

Parlez!

RAYMOND.

Eh bien, madame la comtesse, l'histoire de ma vie, je ne m'en souviens qu'à dater du jour où j'ai rencontré Stella. De tout ce qui a précédé, je n'ai gardé qu'une mémoire confuse... Je n'y vois rien, je n'y sens rien... il y fait froid pour moi; il y fait nuit.

LE BARON, *moqueur.*

Diantre! pour un villageois, mon cher, vous avez la langue bien pendue!

STELLA, *avec une vanité naïve.*

Il a été élevé par un vieux curé, monsieur le baron.

LE BARON, *moqueur.*

Oh! oh!

RAYMOND.

J'avais dix ans alors, et me trouvant, un soir, sur la lisière de cette forêt, je vis passer une petite fille portant comme un costume de Bohême.

STELLA, *avec un soupir*,

Que j'ai gardé précieusement.

RAYMOND.

J'avais grande envie de l'aborder, car elle était si gentille, si gentille!

STELLA, *baissant les yeux*.

Voyons, Raymond, songe que je suis là...

RAYMOND.

Oui, tu as raison, c'est inutile à dire, on te voit... Je la suivis de loin, jusqu'au village... Elle s'arrêta sur la place, et, secouant la poussière et la fatigue du chemin, elle dansa et chanta d'une manière merveilleuse.

LE BARON, *à Stella*.

Et d'où veniez-vous donc?

STELLA.

D'Espagne, où j'avais perdu ma mère.

LA COMTESSE.

Et votre père, mon enfant?

STELLA, *contrainte*.

Tout ce que m'en a dit ma mère, c'est que je n'étais pas encore de ce monde, quand...

LE BARON, *l'interrompant*.

Quand votre père en avait disparu.

STELLA, *troublée*.

Disparu... oui, monsieur le baron.

RAYMOND.

Moi! la voyant si jeune et si délaissée, je me fis son protecteur.

STELLA, *souriant*.

Et un puissant protecteur, savez-vous?.. Un orphelin de dix ans, comme moi!

RAYMOND.

Enfin, j'ai si bien fait, que les notables du village ont donné à Stella un tuteur...

STELLA.

Auquel j'ai juré d'obéir et qui, plus tard, ne voulait pas de Raymond pour mon mari, sous prétexte qu'il était pauvre...

RAYMOND.

Mais, il y a un an, quand on ouvrit le testament du bon curé, j'y étais porté comme propriétaire d'une ferme qu'il me laissait, et alors...

LA COMTESSE, *à Raymond*.

Et votre protecteur ne vous a jamais parlé de vos parents?...

RAYMOND.

La seule fois que je l'ai interrogé à ce sujet, il m'a recommandé de ne m'en informer auprès de personne...

ACTE I, SCÈNE IV.

LE BARON, *à Stella.*
Et, maintenant que notre curiosité est satisfaite, qu'avez-vous à nous demander?
STELLA, *hésitant, au baron.*
Je n'ose.
RAYMOND, *de même, à la comtesse.*
C'est peut-être bien indiscret...
LE BARON, *d'un air protecteur.*
Parlez, villageois, parlez!...

QUATUOR.

STELLA, *faisant une révérence au baron.*
Ah! je sens faiblir mon courage,
En exprimant un tel espoir...
RAYMOND, *saluant la comtesse.*
Notre contrat de mariage,
Nous allons le signer ce soir...
STELLA, *faisant une révérence au baron.*
Sur ce contrat ma voix réclame
Le nom du plus brillant seigneur.
RAYMOND, *à la comtesse.*
Le nom de la plus noble dame...
Cela nous portera bonheur.

RAYMOND ET STELLA.
Ensemble.

Oui, c'est un gage de bonheur,
Accordez-nous cette faveur.
LE BARON, *à part, regardant Stella.*
Pour une fille de village,
La petite a quelques attraits.
LA COMTESSE, *à part, regardant Raymond.*
Parfois, je crois sur son visage
Ressaisir quelques nobles traits.
LE BARON, *avec dépit, à la comtesse.*
Mais c'est affreux! que signifie?...
Quoi? vous ne quittez pas des yeux
Ce paysan?
STELLA ET RAYMOND, *montrant le baron et la comtesse.*
Ah! je parie
Qu'ils se consultent tous les deux.
LA COMTESSE, *pensive, regardant toujours Raymond, à part.*
Je veux, avant qu'il se marie,
Éclaircir un pareil soupçon...
LE BARON, *regardant la comtesse, à part.*
Si j'éveillais sa jalousie?...

C'est cela... le moyen est bon...
(*Montrant Stella.*)
Autour de cette fleur jolie,
Faisons le léger papillon...
Soyons un charmant papillon !

STELLA, *s'avançant et saluant le baron.*
Monseigneur?...

LE BARON.
A ma signature
Vous attachez un prix?...

STELLA.
Très-grand !...

LE BARON.
Eh bien, vous l'aurez, je le jure.

RAYMOND ET STELLA.
Que de bonté !...

LE BARON.
Je ferai plus, vraiment.
(*A la comtesse, qui regarde toujours Raymond d'un air pensif; — avec fatuité :*)
Qu'en pensez-vous, comtesse?
Je veux avec ivresse
Me mêler à leurs jeux ;
Puis, au son des musettes,
Lutiner les fillettes,
Leur faire les doux yeux !

RAYMOND ET STELLA
Ah ! monseigneur !
Ah ! monseigneur !
Quel bonheur
Et quelle faveur !

LE BARON, *à part, regardant la comtesse qui est toujours préoccupée.*
Je la crois piquée... oui, d'honneur...
Continuons de déchirer son cœur.
(*A la comtesse, avec mystère et fatuité :*)
En ce jour d'allégresse,
Je veux avec ivresse
Me mêler à leurs jeux ;
Puis, au son des musettes,
Lutiner les fillettes,
Leur faire les doux yeux.

RAYMOND ET STELLA.
En ce jour d'allégresse,
Daignez avec ivresse
Vous mêler à nos jeux ;
Puis, au son des musettes,

ACTE 1, SCÈNE V.

Lutiner les fillettes,
Leur faire les doux yeux.

LA COMTESSE, *avec distraction, au baron.*
En ce jour d'allégresse,
Il faut, avec ivresse,
Vous mêler à leurs jeux ;
Puis, au son des musettes,
Lutiner les fillettes,
Leur faire les doux yeux !

RAYMOND.
Et vous, madame la comtesse,
Daignerez-vous combler nos vœux ?

LA COMTESSE.
Peut-être... A vous je m'intéresse...
Mais, pour obtenir ma promesse,
Il faut revenir en ces lieux,
Seul...

RAYMOND.
Je viendrai.

LE BARON, *à la comtesse, bas avec colère.*
Mais c'est affreux !...
Seule ! avec lui !... c'est odieux !...

LA COMTESSE, *à Stella, sans faire attention au baron.*
Ne soyez pas jalouse, je vous prie.

STELLA.
Qui, moi, madame ?... vraiment non...
Je connais le cœur de Raymond...

LA COMTESSE.
Mon enfant, vous avez raison...
Car rien n'est sot comme la jalousie...
(*Au baron qui s'agite.*)
N'est-ce pas, monsieur le baron?

LE BARON, *à part.*
J'étouffe !

LA COMTESSE.
Mais qu'avez-vous donc?

LE BARON, *à part.*
J'en dois faire une maladie !

LA COMTESSE.
Tout à l'heure, beau Céladon,
Vous disiez d'un ton si bouffon :
(*L'imitant en riant.*)
En ce jour d'allégresse,
Je veux, avec ivresse,
Me mêler à leurs jeux ;
Puis au son des musettes,
Lutiner les fillettes,

Leur faire les doux yeux !
RAYMOND ET STELLA, *au baron, faisant la révérence.*
Ah ! monseigneur !
Ah ! monseigneur !
Quel honneur,
Et quelle faveur !

Ensemble.

LA COMTESSE, *riant, au baron.*
En ce jour d'allégresse,
Il faut, avec ivresse,
Vous mêler à leurs jeux ;
Puis, au son des musettes,
Lutiner les fillettes,
Leur faire les doux yeux !

LE BARON, *avec rage.*
En ce jour d'allégresse,
Il faut, avec ivresse,
Me mêler à leurs jeux ;
Puis, au son des musettes,
Lutiner les fillettes,
Leur faire les doux yeux !

RAYMOND ET STELLA.
En ce jour d'allégresse,
Venez, avec ivresse,
Vous mêler à nos jeux ;
Puis, au son des musettes,
Lutiner les fillettes,
Leur faire les doux yeux !

(*Raymond et Stella sortent gaiement par le fond.*)

SCÈNE V.

LA COMTESSE, LE BARON.

LE BARON, *avec une colère contenue.*
Comtesse, je n'ai pas voulu éclater devant ces paysans, mais, maintenant qu'ils ne sont plus là...

LA COMTESSE, *froidement.*
Vous n'éclaterez pas davantage, baron.

LE BARON.
Comment !... je...

LA COMTESSE.
Voyons !... quand vous m'avez offert votre main, ne m'avez-vous pas juré une confiance illimitée ?...

LE BARON.

A la condition que vous auriez, vous, une réserve illimitée aussi.

LA COMTESSE.

Il n'a pas été question de cela.

LE BARON.

Mais cependant...

LA COMTESSE.

Du reste, marché nul, si vous voulez... mettons qu'il n'y a rien de convenu entre nous... vous ne m'avez rien dit ; nous ne nous sommes jamais vus ; je ne vous connais pas ; je vous rencontre pour la première fois... A qui ai-je l'honneur de parler ?...

LE BARON, *subjugué.*

Ah ! traîtresse ! vous avez en partage toutes les séductions ; et je comprends que feu votre mari, le comte de Montbriant, soit mort d'amour pour vous et d'une attaque de jalousie foudroyante !

LA COMTESSE.

La mort la plus bête, je vous assure !... et, si je savais que vous dussiez mourir ainsi !

LE BARON, *amoureusement.*

Eh bien, non, je mourrai autrement, je m'y engage.

LA COMTESSE.

Vous m'obligerez !

LE BARON.

Mais enfin, raisonnons : depuis un mois, vous vous êtes fait ordonner par votre médecin de tomber subitement malade et de quitter la cour, pour respirer un air plus salutaire...

LA COMTESSE.

Vous étiez enchanté, d'abord, que le départ du roi pour la guerre de Flandre laissât chômer l'intendance des Menus-Plaisirs et vous permît de m'accompagner...

LE BARON.

Oui, mais voilà que, dans chaque village, vous examinez, vous interrogez les paysans, et les jeunes, les jolis...

LA COMTESSE.

Quel plaisir pourrais-je trouver à examiner les vieux et les...

LE BARON, *avec humeur.*

Enfin, pourquoi avez-vous questionné, regardé Raymond avec tant d'intérêt ?

LA COMTESSE, *à part.*

Finissons-en ! (*Haut.*) Ça ne vous regarde pas.

LE BARON.

Ça ne me regarde pas ! ça ne me regarde pas !..

LA COMTESSE, *brusquement*

Baron, tout est fini entre nous ! (*Elle veut partir.*)

LE BARON, *déconfit, la retenant.*

Mais puisque je suis de votre avis ; puisque j'ai dit que ça ne me regarde pas... (*Avec une colère comique.*) Est-ce que ça te regarde, baron ?... ça ne te regarde pas... ça ne t'a jamais regardé... et ça ne te regardera jamais !

LA COMTESSE, *souriant.*

Voilà qui est bien, baron ; je vais donner un coup d'œil à ma toilette... puis, je reverrai ce jeune paysan... je l'interrogerai de nouveau.

LE BARON, *faisant un effort.*

Au fait, oui, soit ; nous le reverrons, nous l'interrogerons, ce cher ami.

LA COMTESSE.

Du tout ; je serai seule avec Raymond...

LE BARON, *reprenant sa mauvaise humeur.*

Pourquoi pas dans un réduit plein de mystère ?

LA COMTESSE.

Ce serait mieux...

LE BARON, *avec plus de dépit.*

La porte fermée à double tour !

LA COMTESSE.

Oui, à l'abri des barons indiscrets...

LE BARON, *de même.*

Et je ferai au besoin sentinelle pour qu'on ne vous dérange pas !

LA COMTESSE, *avec une froideur comique.*

Je ne vous l'aurais peut-être pas demandé ; mais, puisque vous me le proposez, je l'accepte et j'y compte.
(*Elle fait une grande révérence au baron, puis entre, en souriant, dans l'hôtellerie.*)

SCÈNE VI.

LE BARON, *ensuite* UN GARÇON D'AUBERGE.

LE BARON, *frappant violemment avec colère sur une table, à droite.*

Ah ! je crois que je vais mourir d'apoplexie... mais, non, je ne peux pas ; j'ai promis de mourir autrement.
(*Il s'assied avec dépit et il frappe de nouveau sur la table.*)

LE GARÇON, *sortant de l'hôtellerie, croyant qu'on appelle.*

Que désire monsieur le baron ?

LE BARON.

Je désire me noyer !

LE GARÇON, *bondissant.*

Vous noyer !

LE BARON.

Oui, dans le vin.

LE GARÇON, *souriant.*

Ah! cette rivière-là coule dans notre cave.

LE BARON.

Du vin donc, beaucoup de vin! du meilleur, et deux verres... je veux boire des deux mains!

(*Le garçon sort, et rentre un instant après avec un panier de vin et deux verres qu'il place sur la table près du baron.*)

SCÈNE VII.

LE BARON, *seul.*

Chant.

A cette beauté trop coquette
Je veux aujourd'hui tenir tête;
Et je vais dans cette liqueur
Puiser enfin de la force et du cœur!

(*Il boit.*)

Couplets.

(*Avec colère.*)

Je lui dirai : « Comtesse,
« C'est trop faire souffrir
« Un cœur plein de tendresse.
« Je n'y puis plus tenir!...
« A la coquetterie
« Renoncez sans détour,
« Ou, dans ma jalousie,
« Je cherche un autre amour!... »

(*Changeant de ton tout à coup et se radoucissant.*)

Mais sur moi son regard s'arrête...

(*Tendrement.*)

Qu'il est aimable et gracieux!
C'est le soleil qui chasse la tempête
Et vient illuminer les cieux!...
Un penchant trop funeste
Égare mon esprit;
Dans mon cœur l'amour reste
Et la raison s'enfuit!...

2ᵉ *Couplet.*

(*Avec colère.*)

Mais je reprends ma rage!
Je lui dis : « C'en est fait!
« Je romps mon esclavage
« Sans peine et sans regret!

« Vous croyez dans mon âme
« Rallumer tendre feu...
« Non, pour vous plus de flamme,
« Adieu, madame, adieu! »
Mais je vois le plus doux sourire...
(*Avec passion.*)
Ses yeux me cherchent sans courroux...
Il faut, il faut céder à son empire,
Il faut tomber à ses genoux!...
Un penchant trop funeste
Égare mon esprit;
Dans mon cœur l'amour reste
Et la raison s'enfuit!

SCÈNE VIII.

LE BARON, LE CHEVALIER *entrant par le fond, à gauche.*

LE CHEVALIER, *à part, regardant le baron.*
J'ai vu cette face-là quelque part!

LE BARON, *à part, examinant le chevalier.*
Tiens! ce visage ne m'est pas inconnu!

LE CHEVALIER, *à part.*
Assurément!

LE BARON, *de même.*
Certainement!

LE CHEVALIER, *à part.*
M'y voilà, parbleu!

LE BARON, *de même.*
Oh! j'y suis!

LE CHEVALIER, *haut.*
Le baron des Genets!

LE BARON, *de même.*
Le chevalier de Rosargue! (*Lui tendant la main.*) Touche là, chevalier!...

LE CHEVALIER.
Touche là, baron.

LE BARON.
Tu arrives fort à propos, chevalier, et tu vas me faire raison.

LE CHEVALIER.
Très-volontiers...

(*Ils s'asseyent à la table.*)

LE BARON.
Mais, dis-moi donc, chevalier, maintenant que j'y pense, je te croyais pendu?...

LE CHEVALIER.
Et moi, baron, je te croyais marié?...

ACTE I, SCÈNE VIII.

LE BARON.
Non, je ne suis pas encore marié.
LE CHEVALIER.
Ni moi... je ne suis pas encore pendu.
LE BARON.
Tu as eu du bonheur!
LE CHEVALIER.
Tu as eu de la chance!...
LE BARON.
Oh! c'est bien différent d'être pendu, ou marié!
LE CHEVALIER.
Oui, un pendu a la corde au cou pendant un quart d'heure seulement, tandis qu'un homme marié...
LE BARON, *riant.*
Ah! ah! ah! tu n'as pas changé!... mais qu'est-ce que tu es donc dans ce village?
LE CHEVALIER.
Je suis sans profession.
LE BARON.
Tu ne fais rien?
LE CHEVALIER.
Si... je fais tout ce qui concerne mon état : je mange, je dors, je me promène... Et toi, baron, que fais tu?
LE BARON.
Je suis sous-intendant des Menus-Plaisirs.
LE CHEVALIER.
C'est gai.
LE BARON.
Et amoureux.
LE CHEVALIER.
C'est triste!
LE BARON.
Tu as entendu parler de la comtesse de Montbriant?
LE CHEVALIER.
La femme la plus résolue, dit-on, et la plus vertueuse de la cour?
LE BARON.
J'en suis jaloux! Oui, jaloux... Et c'est pour me distraire, pour m'étourdir, que j'ai demandé du vin... Allons, chevalier, encore une rasade.
LE CHEVALIER, *vivement.*
Non, c'est assez!
LE BARON.
Assez! toi, jadis, le galant le plus audacieux, le duelliste le plus redoutable, le buveur, surtout, le plus intrépide! (*Il boit.*)
LE CHEVALIER, *un peu sombre.*
Autrefois, oui; mais...

LE BARON.

Allons, voyons!

LE CHEVALIER, *se levant de table.*

Non, te dis-je, je ne veux plus; je ne devrais jamais boire.

LE BARON, *se levant aussi.*

Jamais? Pourquoi donc?

LE CHEVALIER.

Pourquoi? Parce que le vin me rend bavard, imprudent...

LE BARON.

Avec un ami?

LE CHEVALIER.

Et puis, surtout, parce que le vin m'a fait commettre...

LE BARON, *riant.*

Des sottises!

LE CHEVALIER.

Si ce n'était que cela!...

LE BARON.

Quoi donc?

LE CHEVALIER.

Un crime!

LE BARON, *haussant les épaules.*

Un crime!

LE CHEVALIER.

Oh! je sais bien que cela ne s'appelle pas ainsi parmi les gens de qualité!

LE BARON.

Tu as peut-être assommé des créanciers?

LE CHEVALIER, *froidement.*

Régulièrement, toutes les fois qu'ils ont eu l'indiscrétion de me demander de l'argent... Tiens, prête-m'en; puis demande-le-moi, et je suis prêt à recommencer.

LE BARON.

Non pas!... Tu as peut-être tué un homme en duel?

LE CHEVALIER, *de même.*

Régulièrement, toutes les fois qu'un téméraire a croisé son épée contre la mienne; et, si le cœur t'en dit, je suis prêt à recommencer.

LE BARON.

Je vois ce que c'est : tu as peut-être enlevé une femme à son mari?

LE CHEVALIER, *de même.*

Régulièrement, toutes les fois que j'ai rencontré un mari laid, possesseur de femme jolie; et aussitôt que tu seras marié, baron, je suis prêt...

LE BARON.

Bien obligé!...

ACTE I, SCÈNE VIII.

LE CHEVALIER, *s'animant.*

Non, baron; ni meurtre d'homme en duel, ni bastonnade de créanciers, ni enlèvement de femme savante ne m'ont donné le plus petit remords.

LE BARON.

Qu'as-tu donc fait, bon Dieu!

LE CHEVALIER.

Ce que j'ai fait?... Un soir, j'étais soldat de fortune alors,... dans une orgie, avec quelques bandits de mon espèce, j'ai parié de séduire et de perdre une jeune fille, une paysanne, et, le lendemain, pour gagner mon infâme gageure, aucune ruse d'enfer ne m'a coûté : dissimulation de mon nom, promesse de mariage... Pauvre Juana! je la vois encore à mes pieds, me suppliant d'épargner sa faiblesse... (*Un silence d'angoisse.*) Plus tard, quand est venue l'heure où son déshonneur allait être visible, je l'ai lâchement abandonnée, et l'éclat de ce déshonneur l'a chassée du pays que j'avais déjà quitté! Depuis ce jour, je ne l'ai plus revue... qu'en rêve, plusieurs fois, terrible, menaçante,... et me montrant du doigt dans un berceau...

LE BARON.

Je comprends : Un petit chevalier ou bien...

LE CHEVALIER, *agitation croissante.*

Je l'ignore... Tiens, tu as raison, il faut boire; toi, pour oublier ta jalousie; moi, pour oublier ma lâcheté. (*Il se remet à table.*)

LE BARON, *l'imitant.*

C'est ça! chevalier, oublions, oublions tout.

LE CHEVALIER, *brusquement.*

Baron?

LE BARON.

Eh!

LE CHEVALIER.

Lutter contre la force et la vaincre, contre la ruse et la déjouer, contre un sot mari et lui prendre sa femme, tout cela n'est rien.

(*Il boit.*)

LE BARON.

Comment, tout cela n'est rien?...

LE CHEVALIER, *violemment.*

Ce n'est rien, rien du tout! (*Attendri.*). Mais la faiblesse avec l'innocence, la jeunesse et la beauté réunies sur une pauvre fille!... Un ouvrage que Dieu a mis seize ans à perfectionner et à bénir! briser tout cela, le fouler aux pieds! Je crois que Dieu peut tout pardonner au repentir, excepté ce crime!... Baron, donne-moi à boire, il faut que j'oublie; (*Furieux.*) à boire donc, baron, ou je te tue!

LE BARON, *effrayé*.

Comment? je te tue!... Puisque je te sers...

LE CHEVALIER, *à lui-même*.

Misérable! (*Il boit.*)

LE BARON, *doucereusement*.

Tiens, bois, cher ami... C'est donc pour cela que tu étais devenu misanthrope et que, depuis dix ans, tu avais disparu de la cour?

LE CHEVALIER.

Non; j'étais en prison, à la suite de duels et de dettes, et j'allais en sortir pour être...

LE BARON.

Pour être libre?

LE CHEVALIER.

Oui, pendu.

LE BARON.

Ah!

LE CHEVALIER, *déjà gris*.

Lorsque la nuit... (*Il boit.*) Excellent, ce vin d'Anjou!

LE BARON.

Lorsque la nuit?...

LE CHEVALIER.

Un homme, le visage couvert d'un masque, entre secrètement dans ma prison.

LE BARON.

Un homme?

LE CHEVALIER.

Mazarin!

LE BARON.

Le cardinal!

LE CHEVALIER.

Ministre! chut! (*Il boit.*)

LE BARON, *avec frayeur*.

Oh! sois tranquille!

LE CHEVALIER.

Il me dit : — « Ta vie est dans mes mains; tu es sauvé si tu « veux te mettre à ma merci; te vendre à moi corps et âme... »

LE BARON.

Situation difficile!

LE CHEVALIER.

Du tout : mon corps appartenait déjà à la justice, mon âme au Diable; le marché était bon : je vendais ce qui ne m'appartenait plus; je consentis, et il ajouta...

LE BARON.

Le Diable?

LE CHEVALIER.

Le cardinal... (*Là, le chevalier, en proie à une sorte d'i-*

vresse, parle et se meut comme s'il était dans un état de somnambulisme.) « Il y a dans le village de Moret, près de Fontainebleau... »

LE BARON.

Ici?

LE CHEVALIER, *continuant.*

« Un petit paysan, qui a pour tuteur le curé de l'endroit. »

LE BARON, *à part.*

Le paysan de la comtesse! (*A cet instant, la comtesse a paru avec mystère à la porte de l'hôtellerie, et elle écoute.*)

LE CHEVALIER.

« Il faut t'installer dans ce village, ne pas perdre de vue cet
« enfant. Tu me tiendras, chaque jour, au courant de son exis-
« tence en portant un billet sous la croix de bois qui touche à la
« ferme qu'habite Raymond. »

LE BARON, *à part.*

C'est bien lui!

LE CHEVALIER.

« Là, tu trouveras, s'il y a lieu, des instructions nouvelles. »

LE BARON, *à part, effrayé, regardant le chevalier.*

On dirait qu'il rêve!

LE CHEVALIER.

Et il termina par ces mots : « Chevalier de Rosargue, si tu
« me sers fidèlement je t'assure l'impunité de ton passé et cent
« pistoles par mois... »

LE BARON, *l'appelant.*

Chevalier?

LE CHEVALIER, *continuant sans faire attention au baron.*

« Mais si ta surveillance vient à sommeiller, si tu n'exécutes
« pas mes ordres à l'instant même, et quels qu'ils soient, je te
« livre immédiatement à la justice. »

LE BARON.

Et ce jeune paysan, qui peut-il être?

LE CHEVALIER, *comme se parlant à lui-même.*

L'enfant a grandi, est devenu un beau jeune homme et va se marier tout à l'heure. Grâce à cette union, Raymond ne quittera pas le village, et j'espère que le cardinal sera content. (*Il se lève et chancelle.*) Je vais lui annoncer cette nouvelle par un billet déposé à l'endroit ordinaire...

LE BARON.

Oui, sous la croix de bois! (*La comtesse disparaît.*)

DUO.

LE CHEVALIER, *qui a secoué sa torpeur.*

Hein?... quoi?... qu'entends-je? On a parlé, je crois...

LE BARON.

Sans doute...

LE CHEVALIER, *vivement!*
Et l'on a dit...
LE BARON.
J'ai dit : la croix de bois.
LE CHEVALIER, *avec explosion.*
Qui parle de la croix de bois?
LE BARON.
Moi, parbleu!
LE CHEVALIER.
Toi?...
LE BARON.
Mais oui...
LE CHEVALIER, *cherchant à rappeler ses souvenirs.*
J'étais seul, il me semble...
LE BARON.
Non...
LE CHEVALIER.
Non?...
LE BARON.
Nous étions ensemble...
Et tu me racontais...
LE CHEVALIER, *vivement.*
Je te racontais, moi?...
LE BARON.
Cette histoire... tu sais...
LE CHEVALIER, *avec colère.*
Alors, malheur à toi!
LE BARON.
Mais qu'as-tu donc?
LE CHEVALIER.
Ah! je le voi,
J'ai parlé .. Vin maudit!... Je me perds quand je bois!
(*Au baron avec rage :*)
Oui, je retrouve la mémoire...
Et je soupçonne tes projets!...
Tu m'as fait boire,
Boire à longs traits,
Pour m'arracher tous mes secrets,
Tous mes secrets!

LE BARON, *avec commencement de frayeur.*
Ah! d'une trahison si noire
Me soupçonner... non, non, jamais!
Te faire boire,
Boire à longs traits,
Pour surprendre ici tes secrets,
Non, non, jamais!

ACTE I, SCÈNE VIII.

LE CHEVALIER, *s'animant de plus en plus.*
Mais sais-tu bien qu'il faut qu'il meure
Celui qui connait mon secret...
   LE BARON, *effrayé très-vivement.*
J'ignore tout... tout...
    LE CHEVALIER.
      Et, sur l'heure,
Il faut nous battre...
   LE BARON, *reculant.*
    Hein?
   LE CHEVALIER.
      Es-tu prêt?
   LE BARON, *reculant toujours.*
Halte-là! non pas... je t'assure...
Tu n'as rien dit...
   LE CHEVALIER.
    J'en ai trop dit!
   LE BARON.
  L'aventure
  La plus obscure...
Que n'a pu saisir mon esprit.
   LE CHEVALIER.
Non... non... tu connais cette histoire...
Il faut dégainer à l'instant!...
   LE BARON, *à part, tremblant.*
Maudit soit ce fils de Satan,
Cet enragé, ce mécréant,
Qui m'a choisi pour confident!

   Ensemble.
   LE CHEVALIER.
Oui, je retrouve la mémoire
Et je soupçonne tes projets;
  Tu m'as fait boire,
  Boire à longs traits,
Pour surprendre ici mes secrets,
  Tous mes secrets.
   LE BARON.
Qui? moi? d'une action si noire
Me soupçonner!... Tu me connais...
  Te faire boire,
  Boire à longs traits,
Pour surprendre ici les secrets?...
  Non, non, jamais!
(*Comiquement effrayé.*)
  Ah! ne me force pas, de grâce,
A verser le sang d'un ami!

LE CHEVALIER, *d'un air sombre.*
Baron, ne crains rien, sur la place
C'est toi qui resteras...
LE BARON, *faisant un bond.*
Merci!
LE CHEVALIER.
Je suis sûr de mon coup...
LE BARON.
Mais alors, misérable!
C'est un assassinat!...
LE CHEVALIER.
Que veux-tu?... pourquoi, diable!
M'as-tu fait bavarder?...
LE BARON.
Mais si l'on te promet
D'être discret,
D'être muet?...
LE CHEVALIER, *haussant les épaules.*
Tu tiens donc beaucoup à la vie?
LE BARON.
Énormément .. oui, j'en convien...
LE CHEVALIER.
Allons, je fais une folie...
Allons, je remets la partie!...
Mais, pour ton bien,
Et pour le mien,
Quitte la France...
LE BARON.
Ma patrie!...
Tu veux?...
LE CHEVALIER.
Ici, baron, crois-moi,
La mort plane toujours sur toi.
(*Avec menace :*)
Si tu dis un seul mot,
Aussitôt
Tu me vois accourir,
T'assaillir!
Il me faut, à l'instant,
Tout ton sang...
Un seul mot indiscret,
C'en est fait!
LE BARON, *tout tremblant.*
Je me tairai! je me tairai!
En tout, oui, je t'obéirai.
Ah! j'en fais le serment sacré.
(*A part, avec désespoir :*)

Mais pourquoi ce fils de Satan,
Cet enragé, ce mécréant,
M'a-t-il choisi pour confident?

LE CHEVALIER.

Si tu dis un seul mot,
　　Aussitôt
Tu me vois accourir,
　　T'assaillir;
Il me faut à l'instant
　　Tout ton sang:
Un seul mot indiscret,
　　C'en est fait!

LE BARON, *frémissant.* (*A part.*)

S'il m'échappe un seul mot,
　　Aussitôt
Je le vois accourir,
　　M'assaillir!
Il lui faut à l'instant
　　Tout mon sang!
Un seul mot indiscret,
　　C'en est fait!

(*Le chevalier sort en faisant du geste de nouvelles recommandations menaçantes au baron qui va tomber anéanti sur son siége.*)

SCÈNE IX.

LA COMTESSE, LE BARON.

LA COMTESSE, *sortant vivement de l'hôtellerie.* (*A part.*)
Enfin!

LE BARON, *pâle et tremblant.*
Ah! comtesse!

LA COMTESSE.
Mon Dieu, baron, que vous êtes pâle!...

LE BARON.
Je suis indisposé... J'ai besoin de changer d'air!

LA COMTESSE.
Vous me trompez!... vous me cachez... non pas votre peur, par exemple, car vous tremblez toujours...

LE BARON.
Je ne vous cache rien...

LA COMTESSE, *l'amenant sur le devant de la scène.*
Vous ne me cachez pas que le chevalier surveille Raymond?

LE BARON, *stupéfait.*
Eh?

LA COMTESSE.
Que c'est une mission du cardinal?

3.

LE BARON.

Vous êtes donc sorcière?

LA COMTESSE, *souriant.*

Peut-être.

LE BARON.

Vous voyez, alors, qu'il faut nous expatrier.

LA COMTESSE.

Au contraire, car Raymond est le jeune homme que je cherche.

LE BARON, *effaré.*

Vous cherchez un jeune homme! Adieu, madame!

LA COMTESSE, *impérativement.*

Restez; j'ai besoin de vous.

LE BARON.

Pour me mystifier?

LA COMTESSE.

Pour être mon auxiliaire.

LE BARON.

Moi! Dans quel but?

LA COMTESSE.

Je veux emmener Raymond à la cour...

LE BARON.

Mais il va se marier...

LA COMTESSE.

Il se mariera plus tard.

LE BARON.

Il ne voudra pas vous suivre.

LA COMTESSE.

Il faut qu'il le veuille.

LE BARON.

Un enlèvement?

LA COMTESSE.

Un consentement.

LE BARON.

Comment l'obtenir?

LA COMTESSE.

Par un moyen adroit...

LE BARON.

Et vous avez compté sur moi?

LA COMTESSE.

Non... Mais sur le chevalier...

LE BARON.

Le chevalier!...

LA COMTESSE, *résolument.*

Baron, le temps presse... je me dévoue à un autre; voulez-vous, oui ou non, vous dévouer à moi?

LE BARON.

Je voudrais...

ACTE I, SCÈNE IX.

LA COMTESSE.

Voulez-vous avoir la foi, me remettre la démission de votre intelligence?

LE BARON.

Ce n'est pas que, dans le trouble où je suis, il m'en reste beaucoup.

LA COMTESSE.

En échange de votre confiance entière, plus tard, quand ma noble mission sera remplie, mon amitié et ma main sont à vous.

LE BARON, *subjugué*.

Chère comtesse! ce ton de vérité, votre réputation sans tache... parlez, j'obéirai les yeux fermés... ou plutôt, non, les yeux ouverts; car, en vous regardant, j'aurai plus de confiance.

LA COMTESSE.

C'est bien! Et, maintenant, dites-moi... le chevalier, la raison troublée par l'ivresse, est rentré chez lui pour annoncer au cardinal le mariage de Raymond, par un billet qu'il ira ensuite placer sous la croix de bois?

LE BARON, *abasourdi*.

Vous avez encore deviné?

LA COMTESSE.

Pas un moment à perdre; (*Désignant la table.*) mettez-vous là.

LE BARON, *se plaçant*.

Là?

LA COMTESSE.

Vous allez écrire...

LE BARON.

Quoi?

LA COMTESSE.

Ce que je vais vous dicter.

LE BARON.

Pour qui?

LA COMTESSE.

Vous le saurez.

LE BARON.

Bon.

LA COMTESSE.

Déguisez bien votre écriture.

LE BARON.

Pourquoi?

LA COMTESSE.

Pour ne pas exposer vos jours.

LE BARON, *plus effrayé*.

Eh!

LA COMTESSE, *résolument*.

Y êtes-vous?

LE BARON.

Mais?

LA COMTESSE, *impérative*.

Vous y êtes?

LE BARON, *subjugué*.

J'y suis.

LA COMTESSE, *dictant*.

« Chevalier de Rosargue, je vous ordonne de trouver un moyen
« pour rompre, à l'heure même, le mariage de Raymond et de Stella,
« en respectant la vie et la liberté des deux fiancés, et de m'infor-
« mer, par un mot mis à la place de celui-ci, de l'exécution de cet
« ordre. »

LE BARON.

Je ne comprends pas.

LA COMTESSE.

C'est inutile...

LE BARON.

Ah! Ensuite?

LA COMTESSE.

C'est fini... Pliez ce billet.

LE BARON, *le présentant plié à la comtesse*.

Voilà!

LA COMTESSE.

Non... Allez le placer secrètement vous-même sous la croix.

LE BARON.

Moi-même!

LA COMTESSE.

Puis, vous vous mettrez à l'écart; vous guetterez la venue du chevalier. Il trouvera le billet, il y répondra, il s'éloignera; vous m'apporterez la réponse.

LE BARON.

Mais s'il m'aperçoit, je suis mort!

LA COMTESSE.

Vous n'avez qu'une chose à faire.

LE BARON.

Et c'est?...

LA COMTESSE.

De prendre si bien vos mesures qu'il ne vous aperçoive pas.

LE BARON, *abasourdi*.

C'est juste... dans mon trouble je n'y avais pas songé. (*S'en allant de biais.*) Je n'ai qu'à prendre si bien mes mesures qu'il... C'est égal, le courage me manque et les jambes aussi. (*Il disparaît par le fond.*)

SCÈNE X.

LA COMTESSE, *seule.*

Ah! monsieur le cardinal, vous ne vous doutez pas que vous avez affaire à forte partie!.. Laisser ignorer à Raymond d'où il vient, cela est juste, nécessaire... mais le laisser végéter et languir au fond d'une campagne... cela ne se peut pas... cela ne sera pas !...
(*Elle rentre vivement dans l'hôtellerie; au même instant, paraissent de jeunes paysannes au fond.*)

SCÈNE XI.

Jeunes filles de la noce, puis STELLA, *en mariée.*

FINAL.

CHOEUR.

Heureux époux, quelle faveur,
Pour le village, quel honneur !
Une comtesse, un grand seigneur,
Vont assister à leur bonheur.
(*Stella entre; toutes les jeunes filles l'entourent.*)
Stella, quel beau jour pour vous !...
Notre cœur n'est pas jaloux...
Mais quand nous prendrons un époux,
Ah! que le ciel en fasse autant pour nous!

Heureux époux, quelle faveur, etc.

SCÈNE XII.

LES MÊMES, LE BARON, *entrant effaré et regardant s'il n'est pas suivi;* puis LA COMTESSE.

LE BARON, *à part.*
Je tremble !.. Quel est ce mystère ?...
Je crains quelque méchante affaire...

LA COMTESSE, *sortant vivement de l'hôtellerie, au baron, qu'elle amène sur le devant de la scène, à demi-voix et très-vivement.*

Mes ordres ?...

LE BARON, *haletant.*
Je les ai suivis...

LA COMTESSE.
Et le billet ?...

LE BARON.
Je l'ai mis
Sous la croix... J'ai guetté... puis Rosargue est venu;
Il a pris l'écrit... il l'a lu....
LA COMTESSE.
Enfin?..
LE BARON *montrant un papier à la comtesse.*
Voilà ce qu'il a répondu.
(*Lisant.*)
« Quand vous recevrez cette réponse... j'aurai exécuté votre
« ordre... »
LA COMTESSE, *vivement, prenant la lettre.*
On vient!... plus tard...
(*A ce moment, les cloches de l'église commencent à tinter pour le mariage. Stella s'approche de la comtesse, qui serre vivement l'écrit. — Bientôt après, les cloches font entendre un joyeux carillon*).
STELLA, *écoutant avec ivresse*
Pour notre bonheur tout s'apprête...
Écoutez... j'entends retentir
Le carillon des jours de fête...
Cher Raymond, on va nous unir!

SCÈNE XIII.

LES MÊMES, PAYSANS, PAYSANNES, *puis* RAYMOND.

CHOEUR, *avec accompagnement de clochettes.*

Quel joyeux son!
Doux carillon!
Couple fidèle,
Il vous appelle!
Partons gaîment;
On vous attend.
Partons, l'église vous attend!

RAYMOND, *prenant la main de Stella.*
Cantabile.

Viens, ma Stella, viens, mon amie,
Viens, prosternés devant l'autel;
Orphelins tous deux dans la vie,
Jurons-nous amour éternel!

Ensemble.

RAYMOND et STELLA.
Orphelins tous deux dans la vie,
Jurons-nous amour éternel.

ACTE I, SCÈNE XIV.

Reprise du chœur.

Quel joyeux son !
Doux carillon !
Couple fidèle,
Il vous appelle !
Partons gaiment ;
On vous....

(*Tout à coup la cloche a changé de sonnerie et fait entendre de lugubres sons. La comtesse, reprenant la lettre du chevalier, qu'elle achève des yeux, la montre au baron avec angoisse.*)

CHOEUR.

Mais, grand Dieu ! qu'entends-je ?
Et quel bruit étrange !
A l'instant tout change !
Quel malheur soudain !
Ah ! mon cœur frissonne,
Oui, l'airain résonne,
Et la cloche sonne,
Sonne le tocsin.

SCÈNE XIV.

Les Mêmes, paysans *accourant avec effroi*, *puis* LE CHEVALIER.

LES PAYSANS.
Le feu ! le feu ! le feu !
RAYMOND.
Que dites-vous ?
LA COMTESSE, LE BARON, STELLA.
Grand Dieu !
UN PAYSAN, *accourant.*
Raymond ! Raymond ! pauvre Raymond !
Le feu dévore ta maison !
RAYMOND.
Le feu chez moi ! Venez... je cours..
Au secours, amis, au secours !
(*Il sort dans le plus grand trouble.*)
STELLA.
Au secours ! Portez-lui secours !

(*A cet instant, le chevalier entre : sa démarche est chancelante et ses yeux sont égarés. — Il tient dans sa main un billet froissé convulsivement.*)

LE BARON, *vivement, montrant à la comtesse le chevalier avec frayeur.*
Le chevalier! fatal billet!...
C'est lui!...
    LA COMTESSE, *vivement, bas.*
  Silence!
     LE BARON, *à part.*
    Ah! qu'a-t-il fait?
LE CHEVALIER, *à part, sur le devant de la scène, comme revenant à lui.*
  Est-ce le vin, est-ce l'ivresse
  Qui troublent encor ma raison?...
  Ai-je rêvé cet ordre?
  (*Il déploie vivement le papier et y jette les yeux.*)
     Non!...
Il commande à l'instant de ruiner Raymond...
Et j'ai dû...
(*Pendant ce temps on a aperçu la lueur de l'incendie à droite. Les paysans se sont échelonnés précipitamment à la porte de l'hôtellerie et se passent de main en main des seaux d'eau qui disparaissent; Stella les encourage*).

     CHOEUR.
  Courage et vitesse!
  Allons, qu'on s'empresse!
  Tous à sa détresse
  Offrons notre ⎱ appui.
  Offrez votre ⎰
  D'un fléau terrible,
  D'un malheur horrible,
  Le sort inflexible
  Le frappe aujourd'hui!
  LE CHEVALIER, *à part, d'un air sombre.*
  Que leur espoir cesse!
  En vain l'on s'empresse;
  C'est pour sa détresse
  Un stérile appui!
  D'un fléau terrible,
  D'un malheur horrible,
  Ma main inflexible
  Le frappe aujourd'hui!
LE BARON et LA COMTESSE, *à part, regardant le chevalier.*
  Que leur espoir cesse,
  En vain l'on s'empresse;
  C'est pour sa détresse
  Un stérile appui!
  D'un fléau terrible,
  D'un malheur horrible,

ACTE I, SCÈNE XIV.

Sa main inflexible
Le frappe aujourd'hui !
RAYMOND, *revenant en scène pâle et découragé.*
Vains efforts ! secours superflu !
Ah ! c'en est fait... tout est perdu !
STELLA, *sanglotant.*
Ciel !...
LA COMTESSE, *regardant Stella avec compassion.*
Pauvre enfant !
LE BARON, *à part.*
Ah ! si je l'avais su....
STELLA, *se jetant dans les bras de Raymond anéanti.*
Raymond ! Raymond !
RAYMOND, *avec désespoir.*
A notre mariage
Votre tuteur ne veut plus consentir...
Il a raison... car en partage
Je n'ai plus rien à vous offrir.
STELLA.
Se peut-il ?.. mon tuteur !... et je dois obéir ;
Je l'ai juré... Mon Dieu !... plus d'avenir !...
(*Elle tombe presque évanouie dans les bras de ses compagnes.*)
RAYMOND.
Plus de bonheur ! plus d'avenir !
LA COMTESSE, *prenant Raymond à part et à demi-voix.*
Qu'en votre cœur l'espoir renaisse !
Consentez à me suivre, et je vous donnerai
Et les honneurs et la richesse !
RAYMOND.
Que dites-vous ? honneur ! richesse !
LA COMTESSE.
J'en fais serment...
RAYMOND.
Eh bien ! je vous suivrai.
(*Regardant Stella avec amour.*)
Pour rendre le bonheur à cet ange adoré...
LE BARON, *qui a écouté la comtesse parlant à Raymond, à part.*
Qu'entends-je ! Elle veut avec elle
L'emmener... Vraiment c'est fort mal !...
LE CHEVALIER, *à part, regardant Stella avec une sombre pitié.*
La pauvre fille ; et c'est ma main cruelle...
(*Montrant le papier.*)
Il fallait obéir à cet ordre fatal !

CHOEUR.

Ce jour d'allégresse
Se change en tristesse ;

Ah! quelle détresse,
Quel destin pour lui!
D'un fléau terrible,
D'un malheur horrible,
Le sort inflexible,
Le frappe aujourd'hui.

LA COMTESSE, *sur le devant de la scène, bas à Raymond.*
Croyez à ma promesse!
Que l'espoir renaisse...
A vous la richesse!
Et, dès aujourd'hui,
Loin de ce village,
Quel heureux partage!
Vous aurez, je gage,
Le plus noble appui!

RAYMOND, *à part, regardant Stella.*
Si je te délaisse,
O chère maîtresse,
C'est qu'à la détresse
Je songe aujourd'hui!
Il faut du courage
Pour fuir ce village,
Mais ta douce image
Sera mon appui!

LE BARON, *à part.*
Que veut la comtesse?...
Ah! mon cœur se blesse!...
Je la vois sans cesse
Ne penser qu'à lui!
Oh! vraiment j'enrage!
Loin de ce village,
Elle va, je gage,
Être son appui.

LE CHEVALIER, *à part, regardant Stella.*
Ce jour d'allégresse
Se change en tristesse.
Ah! quelle détresse!
Pour eux plus d'appui!
D'un fléau terrible,
D'un malheur horrible,
Ma main inflexible
Les frappe aujourd'hui!

(*Les jeunes filles entourent Stella. Raymond s'agenouille devant elle, lui baise les mains, puis il se relève, regarde la comtesse, et semble lui dire qu'il est prêt à la suivre. — Le rideau baisse.*)

FIN DU PREMIER ACTE.

ACTE DEUXIÈME.

LE CHATEAU DE FONTAINEBLEAU.

Une partie réservée du parc. — Au fond, le château. A gauche, un pavillon avec fenêtre fermée par un rideau et faisant face au public. Sous la fenêtre un banc.

SCÈNE I.

LE CHEVALIER, *puis* LE BARON. (*Le chevalier, le menton sur une main et les jambes croisées, regarde attentivement le pavillon.*)

LE BARON, *entrant au fond avec quelques personnes, à qui il donne ses dernières instructions et qui se retirent aussitôt.*
Oui... ici... dans une heure, le rendez-vous pour la répétition de la pastorale... (*Venant en scène.*) Dis donc, chevalier, quelle fête !... pendant trois jours, ballets et spectacles au palais de Fontainebleau... Et c'est moi qui suis l'ordonnateur de tout cela ! C'est bien le moins, du reste, qu'on puisse faire, après les éclatantes victoires de notre jeune roi !

LE CHEVALIER.
Il est dommage, baron, que tu n'aies pas été des nôtres... Tu aurais assisté à la plus magnifique campagne.. Puis, au retour, tu aurais été complimenté, comme moi, par le cardinal-ministre.

LE BARON.
Ah ! le cardinal t'a complimenté ?

LE CHEVALIER.
Oui ; quoiqu'il me garde toujours rancune de ce qu'il y a six mois, je n'ai pas retenu le jeune Raymond dans le village de Moret.

LE BARON, *hypocrite.*
Pourquoi, aussi, le cardinal t'ordonnait-il de rompre...

LE CHEVALIER, *mystérieux.*
C'est qu'il ne m'avait rien ordonné.

LE BARON.
Ah ! bah ! qui diable a donc pu te jouer ce tour ?

LE CHEVALIER, *montrant un papier.*
Un ennemi de Raymond, un rival... qui m'aura surpris près de la croix de bois !... Quelque paysan, car, dans l'ivresse, je n'a-

vais pas distingué... Mais, de sang-froid, quand j'ai relu ce billet, pas un mot d'orthographe...

LE BARON, *à part.*
J'ai bien déguisé mon écriture.

LE CHEVALIER.
Vois; il écrit ordonner avec un H, cet imbécile.

LE BARON, *riant forcément.*
Oh! quel imbécile.

LE CHEVALIER.
Ce ne serait rien encore, si je n'avais écrit et signé une réponse qui peut me perdre et qui est tombée entre les mains de je ne sais qui.

LE BARON, *à part, touchant un côté de sa poitrine.*
Je le sais, moi. (*Haut*). Ainsi, tu n'as de soupçons spécialement sur personne?

LE CHEVALIER, *lui mettant la main sur l'épaule.*
Tu vas rire, baron!

LE BARON, *riant.*
Ah! Eh bien, je ris à l'avance...

LE CHEVALIER.
Je t'ai soupçonné d'abord...

LE BARON, *brusquement, sérieux et effrayé.*
Moi!

LE CHEVALIER.
Mais ça n'a pas duré; et la preuve, c'est que tu existes.

LE BARON, *soulagé.*
Ah!

LE CHEVALIER.
Ta jalousie était trop intéressée au mariage de Raymond avec Stella, pour me pousser à une action qui en a amené la rupture, et qui a fait de Raymond le favori de la belle comtesse.

LE BARON, *vivement.*
Comment? tu crois?

LE CHEVALIER.
N'est-ce pas la comtesse qui a conduit ce jeune homme à la cour, et qui, par son crédit, l'a fait nommer lieutenant?

LE BARON.
C'est vrai!

LE CHEVALIER.
Ne voulait-elle pas le garder près d'elle comme un chevalier d'antichambre?

LE BARON.
C'est juste!

LE CHEVALIER.
C'est alors que le cardinal me nomma capitaine de la compagnie de Raymond, nous partîmes pour la guerre, et, d'après

quelques insinuations reçues avant mon départ, je te promets qu'il y serait resté, s'il n'eût tenu qu'à Son Éminence...

LE BARON.

Malheureusement, il est revenu, ce matin... Ah! ça, mais qu'est-ce que ça peut être que ce paysan qui s'avise d'être un héros, et qui est l'objet de la préoccupation du cardinal?

LE CHEVALIER.

Je l'ignore; ce que je sais, c'est que le cardinal m'a recommandé de surveiller Raymond et la comtesse, d'avoir particulièrement les yeux sur ce pavillon, et d'aller le prévenir sur-le-champ s'il s'y passe quelque chose.

LE BARON, *vivement.*

Ce pavillon serait-il un lieu de rendez-vous?... Tiens, chevalier, tant que ce jeune homme restera à la cour, je n'aurai pas un instant de tranquillité.

LE CHEVALIER.

Ni moi non plus, morbleu! D'ailleurs, Son Éminence entend que Raymond rentre dans son obscurité première... Il faut donc que son mariage se renoue, et, pour cela, qu'il revoie ici sa fiancée.

LE BARON.

Oh! mais, alors, je comprends l'idée qui t'est venue.

LE CHEVALIER.

Idée toute simple... tu avais besoin pour ta pastorale de ce soir du personnage d'une paysanne gracieuse et gentille.

LE BARON.

Et j'allais m'adresser tout bonnement au personnel de l'Opéra, moi...

LE CHEVALIER.

Lorsque je t'ai dit : Baron, si tu présentais à Leurs Majestés une villageoise véritable, avec des grâces véritables, une innocence véritable... ça serait du neuf.

LE BARON.

Aussitôt tu as fait venir Stella à l'insu de la comtesse... Je lui ai donné des répétitions en secret... Elle sera charmante !

LE CHEVALIER.

Oui, l'habit de cour lui sied à ravir... D'ailleurs je m'intéresse à cette pauvre enfant, et je dois réparer son malheur dont je fus la cause, car, sans cette maudite ivresse, j'aurais vu le piége où m'a fait tomber ce billet, et le mariage de Stella aurait eu lieu... Mais tout espoir n'est pas perdu... Il faut, lorsque Raymond la verra, ce soir, sur le théâtre de la cour, qu'il soit séduit, entraîné, et qu'il parte avec elle...

LE BARON.

Bravo! chevalier, bravo!

LE CHEVALIER, *avec emportement.*

Et puis, je suis las, à la fin, d'être comme le garde du corps de ce paysan parvenu... Cela m'enchaîne et me détourne de faire les recherches nécessaires pour retrouver, si elle existe encore, cette pauvre Juana, que j'ai si lâchement abandonnée. (*Il essuye une larme.*)

LE BARON, *à part.*

Il y a quelquefois du bon dans les coquins, beaucoup de bon !

LE CHEVALIER, *après avoir secoué son émotion.*

Du reste, baron, relativement au secret du cardinal, l'amitié a continué aujourd'hui une confidence que l'ivresse avait commencée, il y a six mois ; mais pas un mot, pas un seul, ou, à mon grand regret, (*Désignant son épée.*) tu compléteras la douzaine...

LE BARON, *vivement.*

Je serai muet... (*Tremblant, à part.*) La douzaine !... Il y a du bon dans les coquins... mais très-peu !

LE CHEVALIER, *remarquant l'agitation du baron.*

Ah ! ça, qu'est-ce que tu as donc, baron ? tu parais bien agité.

LE BARON, *vivement.*

Je suis préoccupé de ma pastorale où je joue le principal rôle... Le berger Lycidas... et je crains pour l'ensemble général... puis, surtout, je n'ai vu le lieutenant Raymond nulle part, j'ai cherché vainement la comtesse... ça me fait soupçonner...

LE CHEVALIER, *souriant.*

Un ensemble particulier... ce qui, joint à ta crainte pour l'ensemble général... j'entends...

LE BARON.

Tu ne l'aurais pas vue, toi, par hasard, la comtesse ? (*A ce moment, le pavillon s'ouvre et la comtesse en sort, faisant des signes mystérieux.*)

SCÈNE II.

Les Mêmes, LA COMTESSE.

TRIO.

LE CHEVALIER, *au baron.*
Tiens ! c'est elle... c'est la comtesse !
LE BARON.
Mais elle sort d'un pas furtif
De ce pavillon...
LE CHEVALIER.
          Elle adresse
Des signes à quelqu'un... vois...
LE BARON.
                    Oui, c'est positif !

(*Il va au-devant de la comtesse.*)

ACTE II, SCÈNE II.

LA COMTESSE, *l'apercevant et avec contrariété.*
Vous ici!...

LE BARON.
Par hasard... mais je voudrais m'instruire
Du motif qui vous attire,
Là, dans ce pavillon?

LA COMTESSE.
Encor quelque soupçon!
Je vous l'ai dit, pourtant, baron;
Afin de vous rendre plus sage,
Depuis hier, j'ai fait serment,
Qu'à chaque soupçon qui m'outrage
Je retarderais d'un an
Le jour de notre mariage.

LE BARON.
Mais c'est un jeu!...

LA COMTESSE, *lui montrant ses tablettes.*
Dans ce moment,
Déjà j'en suis à quinze ans!

LE BARON.
Révoltant!

LE CHEVALIER, *riant, au baron.*
De tes soupçons, c'est fort plaisant,
Mon cher, on tient compte courant!

LA COMTESSE.
Tout soupçon,
Cher baron,
Est porté,
Bien noté;
Soyez donc
Doux et bon,
Confiant,
Et prudent;
Autrement,
Maintenant,
Entre nous,
Garde à vous!

LE BARON, *avec désespoir.*
Trahison!
Tout soupçon
Est porté,
Bien noté!
Puis-je donc
Être bon,
Confiant,
Et prudent,
Quand un mot

Va bientôt
M'exciter,
M'irriter!
LE CHEVALIER, *riant.*
Tout soupçon,
Cher baron,
Est porté
Bien noté!
Il faut donc
Être bon,
Confiant
Et prudent;
Autrement,
Maintenant,
Ah! ma foi,
Garde à toi!
LA COMTESSE, *au chevalier.*
De vous voir je me félicite,
Monsieur le chevalier...
LE CHEVALIER, *s'inclinant.*
C'est trop flatteur vraiment!
LA COMTESSE.
De la rencontre je profite
Pour vous faire un remercîment.
LE CHEVALIER.
A moi, madame?
LA COMTESSE.
A vous. N'avez-vous pas sans cesse
Été le vaillant précepteur
D'un jeune homme qui m'intéresse?
LE BARON, *vivement.* (Parlé.)
Hein! quoi!...
LA COMTESSE.
Vous avez guidé sa jeunesse
Dans les combats, au champ d'honneur.
LE BARON, *tâchant de se contenir.*
Devant moi, convenir, comtesse,
Qu'un jeune homme vous intéresse!...
Ah! c'est un aveu par trop franc!
LA COMTESSE, *froidement, écrivant sur ses tablettes.*
Seize ans!...
(*Au chevalier*).
Je n'ai qu'un reproche à vous faire...
LE CHEVALIER.
A moi?...
LA COMTESSE, *appuyant.*
Ce jeune militaire,

ACTE II, SCÈNE II.

Vous auriez dû le ménager;...
Pourquoi donc toujours l'engager
Au milieu du plus grand danger?...
Il fut blessé...

LE CHEVALIER, *avec indifférence.*

C'est le sort de la guerre...

LE BARON, *avec jalousie.*

S'il était arrivé malheur
A ce bel officier, il est un cœur, madame,
Que ce coup eût frappé d'une grande douleur?

LA COMTESSE.

J'en conviens...

(*Regardant le pavillon et avec sensibilité.*)

Une noble dame
Aurait perdu tout son bonheur!

LE BARON, *au chevalier.*

Ah! mais j'enrage au fond de l'âme...

LE CHEVALIER, *à demi-voix au baron.*

C'est clair!

LE BARON.

Morbleu! c'est transparent!

LA COMTESSE, *écrivant.*

Dix-sept ans!

LE BARON.

J'ai le droit...

LA COMTESSE, *de même.*

Dix-huit!

LE BARON.

C'est désolant!...

LE CHEVALIER, *au baron, en riant.*

De tes soupçons, c'est fort plaisant!
Mon cher, on tient compte courant!

LA COMTESSE, *montrant ses tablettes.*

Tout soupçon,
Cher baron,
Est porté,
Bien noté;
Soyez donc
Doux et bon,
Confiant
Et prudent;
Autrement,
Maintenant,
Entre nous,
Garde à vous!

LE BARON.

Trahison!...

Tout soupçon
Est porté
Bien noté!
Puis-je donc
Être bon,
Confiant,
Et prudent,
Quand un mot
Va bientôt
M'exciter,
M'irriter!

LE CHEVALIER, *riant.*
Tout soupçon,
Cher baron,
Est porté,
Bien noté.
Il faut donc
Être bon,
Confiant
Et prudent;
Autrement,
Maintenant,
Ah! ma foi
Garde à toi!

LE CHEVALIER, *au baron.* (Parlé.)
Voyons, baron, contiens-toi... ronge ton frein en silence.
LE BARON, *de même, avec dépit.*
Je ne dis plus un mot.

(*Reprise du chant.*)
LE CHEVALIER, *à la comtesse.*
Mais ce protégé tout aimable,
Le voilà de retour!

LA COMTESSE.
Je bénis le sort favorable
Qui l'amène à la cour.
Il y restera, je l'espère...
(*Mouvement de rage du baron qui frappe du pied.*)
LE CHEVALIER, *avec intention.*
Cependant un ordre contraire
Pourrait...
LA COMTESSE, *regardant fixement le chevalier.*
Oh! nous savons qu'ici.
Il compte plus d'un ennemi!
(*Tournant ses regards vers le pavillon.*)
Aussi, l'on veillera sur lui.
LE BARON, *ne pouvant plus se contenir.*
Ah! je veux connaître, comtesse,

ACTE II, SCÈNE II.

Quel est le singulier penchant
Qui peut porter votre noblesse
A protéger ce paysan?

LA COMTESSE, *écrivant sur ses tablettes.*

Dix-neuf!

LE BARON.

Apprenez-moi!

LA COMTESSE, *de même.*

Vingt!

LE BARON.

C'est trop de tourment!
Coquette! volage! traîtresse!

LA COMTESSE, *écrivant vivement.* (Parlé.)

21, 22, 23, 24, 25, 26!

LE CHEVALIER, *riant, au baron.*

Il est temps que ce transport cesse!...

(*Le prenant par le bras.*)

Viens!... ne reste plus là,
Ou l'on t'épousera
Quand tu prendras des rides,
Et ton hymen viendra
Quand pour toi sonnera
L'heure des invalides!

Ensemble.

LA COMTESSE, *riant, montrant ses tablettes au baron.*

Craignez ce compte-là;...
On vous épousera
Quand vous prendrez des rides,
Et votre hymen viendra
Quand pour vous sonnera
L'heure des invalides.

LE CHEVALIER, *riant.*

Baron, à ce jeu-là,
Oui, l'on t'épousera
Quand tu prendras des rides,
Et ton hymen viendra
Quand pour toi sonnera
L'heure des invalides!

LE BARON, *avec désespoir.*

Hélas! à ce jeu-là,
Oui, l'on m'épousera
Quand je prendrai des rides,
Et mon hymen viendra
Quand pour moi sonnera
L'heure des invalides!

(*A la fin de l'ensemble, la comtesse s'est rapprochée de la porte du pavillon et fait encore des signes dans l'intérieur.*)

LE CHEVALIER, *qui a examiné la comtesse, à part sur la ritournelle finale du trio.*
Viens, baron, viens.
(*Il sort avec le baron qu'il entraine.*)

SCÈNE III.

LA COMTESSE, *seule*.

Pauvre baron!... grâce à sa jalousie qui éclate sans mesure, le cardinal, comme tout le monde, me croit éprise de Raymond, et n'attribue qu'à ce motif sa présence à la cour... (*Avec inquiétude.*) Mais Raymond ne vient pas... il m'avait pourtant promis... Après nous avoir donné les inquiétudes de son départ pour la guerre, il nous doit bien les joies secrètes de son retour!... Est-ce que je n'entends pas?... (*Allant vers le fond, à droite.*) Oui... on vient de ce côté... C'est lui!...

SCÈNE IV.

LA COMTESSE, RAYMOND *en officier*.

RAYMOND.
Madame, je me rends à vos ordres...
LA COMTESSE *regarde le pavillon dont le rideau s'agite, et l'on voit paraître une main portant un riche brillant.*
Lieutenant Raymond, je suis heureuse de vous voir...
RAYMOND.
Et moi, très-honoré, madame, de me trouver en votre présence, pour vous remercier de tous vos bienfaits.
LA COMTESSE, *s'asseyant près du pavillon.*
Mais approchez-vous donc, mon cher Raymond!
RAYMOND.
Madame...
LA COMTESSE.
Vous êtes satisfait de votre nouvelle position?...
RAYMOND.
Il me semble que je fais un beau rêve... Je suis ruiné, il y a six mois, et vous m'emmenez à la cour; vous me faites nommer officier... Je pars pour l'armée, et, sans aucun droit à cet honneur, je suis placé sur la première ligne de bataille.
LA COMTESSE.
Où vous vous êtes bravement conduit, on ne l'ignore pas...

Aussi, serait-on charmé d'entendre de votre bouche le récit de cette brillante campagne...

RAYMOND, *avec modestie.*

Mon Dieu, madame, je suis pour bien peu dans tout ce qui s'est passé... J'ai fait mon devoir, voilà tout, et ma modeste gloire a été éclipsée par celle de tant de vaillants capitaines, à commencer par le roi, qui, du reste, après la victoire, a bien voulu me complimenter.

LA COMTESSE, *à part, émue, jetant un regard sur le pavillon.*

Le roi!...

RAYMOND.

Les autres ont été héroïques ; moi, j'ai été heureux... j'ai été blessé...

LA COMTESSE, *se levant.*

Heureux d'avoir été blessé!...

RAYMOND.

Oui... oh! oui, madame... car c'est pour elle!...

LA COMTESSE, *à part, avec douceur.*

Il y pense encore!...

RAYMOND.

C'est pour elle que je cherchais la gloire au milieu des dangers!... Pour elle dont le souvenir m'a soutenu sur le champ de bataille, comme il m'a consolé sur mon lit de douleur.

ROMANCE.

1er couplet

En proie au douloureux martyre
Qui venait déchirer mon cœur,
Il me semblait, dans mon délire,
Voir un ange consolateur.
    Douce magie!
    Il me parlait ;
    Sa voix chérie
    Me répétait :
« Malgré la souffrance cruelle,
Que ton esprit soit ranimé!
Tu vivras! et la vie est belle,
Car tu vivras pour être aimé! »

2e couplet.

A ces accents, bonheur étrange!
Le mal brûlant fuyait soudain...
Oui, l'image de ce bon ange
Ramena la vie en mon sein.

    Cette voix tendre,
    Dans mon transport,
    Je veux l'entendre
    Me dire encor :
« Malgré la souffrance cruelle,
Que ton esprit soit ranimé !
Tu vivras ! et ta vie est belle,
Car tu vivras pour être aimé ! »

LA COMTESSE.

Vous l'aimez toujours, je le vois?

RAYMOND.

Toujours ! Et ce n'est pas vous, madame, ce n'est pas vous qui pourriez me conseiller l'ingratitude et la trahison.

LA COMTESSE.

Non, à Dieu ne plaise !

RAYMOND.

Aussi vous approuvez, vous excusez du moins mon impatience... Le village de Moret est à deux pas d'ici...

LA COMTESSE, *lui souriant*.

Il vous tarde de la revoir, n'est-ce pas?

RAYMOND.

Oui, madame. (*Désignant son uniforme.*) Pour lui montrer votre ouvrage et lui faire partager ma reconnaissance.

LA COMTESSE.

Votre reconnaissance?...

RAYMOND.

Elle est sincère ; elle est profonde !

LA COMTESSE.

Eh bien, si je vous en demandais une preuve?

RAYMOND, *vivement*.

Laquelle?

LA COMTESSE.

De me laisser, avec une entière confiance, la direction de votre conduite.

RAYMOND, *souriant*.

C'est un nouveau bienfait que vous me proposez. Qu'ai-je de mieux à faire que de m'en rapporter à vous pour notre bonheur?

LA COMTESSE.

Cette jeune fille, mon cher Raymond, a, je l'avoue, des droits sur votre cœur... mais il peut exister des droits aussi sacrés et même plus...

RAYMOND, *avec élan*.

Plus sacrés? je n'en connais pas, madame ; car, dans toute ma vie, et jusqu'au jour de ma ruine, c'est elle, elle seule, qui a été mon appui, ma joie... ma famille !... Depuis ce moment, votre puissance a fait pour moi ce que ne pouvait faire sa faiblesse, et je ne vois, dans le monde, que trois objets de mon dévouement : elle, vous, et le roi !

LA COMTESSE.

Je comprends toute votre tendresse pour cette fidèle compagne de votre existence passée... et je ne voudrais pas vous priver trop longtemps du plaisir d'aller la revoir... mais ne précipitez rien...

RAYMOND.

Cependant, madame la comtesse...

LA COMTESSE.

Et, maintenant, votre légitime impatience peut prendre congé... Mais on vous verra, ce soir, dans quelques heures, au spectacle de la cour?

RAYMOND.

Oui, madame...

LA COMTESSE, *gracieusement.*

Je vous donne rendez-vous, ici, pour m'offrir votre bras et m'y accompagner.

RAYMOND, *saluant.*

J'y serai, madame, j'y serai.

(*Il sort.*)

LA COMTESSE *seule, regardant le pavillon.*

Enfin on l'a vu, on l'a entendu !... on a eu quelques instants de bonheur !...

(*Elle sort par la droite, sur la ritournelle du morceau qui va suivre et qui commence piano.*)

SCÈNE V.

STELLA, LE CHEVALIER,
SEIGNEURS DE LA COUR, *au fond.*

LE CHEVALIER, *entrant à Stella.*

Courage, mon enfant ! courage ! Raymond assistera au spectacle de la cour. Il faut qu'un triomphe éclatant vous le ramène, et l'arrache aux séductions de la comtesse.

STELLA, *comme faisant un effort et avec résolution.*

Raymond y sera !... soyez tranquille...

LE CHEVALIER.

Vous allez répéter ici la pastorale pendant qu'on dispose le théâtre... Voilà tous les acteurs qui arrivent !...

(*Pendant la pastorale suivante, le chevalier, avec les seigneurs de la cour, va et vient dans les jardins.*)

SCÈNE VI.

Les Mêmes, STELLA, LE BARON, *en costume de berger*, acteurs et actrices, chœurs de la pastorale, habillés en Bergers, Bergères, Nymphes, Naïades, Zéphyrs, etc.

CHŒUR GÉNÉRAL.

Amis, que l'on s'empresse,
Il faut fêter le roi dans ce séjour !
Faisons, pleins d'ivresse,
Eclater sans cesse
Nos chants d'amour !
Ah ! quel beau jour !

LE BARON, *avec importance.*

Pour que rien ne nous arrête,
Je veux encore une fois
Qu'avec soin chacun répète
Et fasse briller sa voix !
Les zéphirs des bois,
Les nymphes légères,
Bergers et bergères,
Vont, suivant mes lois,
Ce soir, faire entendre
Leur chant doux et tendre
Au plus grand des rois !

CHŒUR.

Amis, que l'on s'empresse, etc.

LE BARON.

Commencez, et ne tardons pas...

(*Se posant.*)

Je suis un beau berger, le berger Lycidas,
Amant de la belle Climène,
Et je dois par mes chants attendrir l'inhumaine...

(*A Stella.*)

Quant à vous, trop aimable objet,
Vous, ma bergère idolâtrée,
Cachez-vous là dans ce bosquet...
Et ne manquez pas votre entrée...

(*Il conduit Stella, qui se cache dans un bosquet à droite, puis revient et prend des mains d'un berger une houlette ornée de rubans.*)

PASTORALE.

Villanelle.

LE BARON (LYCIDAS).
O ma bergère cruelle,
C'est ton berger fidèle!
Ma voix t'appelle,
Tu fuis à mes accents!
O ma Climène si belle,
Ma voix t'appelle!
Ah! viens, sois moins rebelle,
Accours à mes accents!
Dans ce bois, Philomèle
Mêle
Ses doux chants à mes chants!

(Regardant à droite.)

Dieu! voici l'inhumaine!...
Elle vient, je la vois...
Sur mon cœur, dont elle est la reine,
L'amour épuise son carquois!

(Il veut s'élancer vers Climène. Des Nymphes le retiennent, l'enlacent de guirlandes de fleurs et l'entraînent dans les bosquets à gauche.)

STELLA (CLIMÈNE), *entre une houlette à la main.*

ARIETTE.

Petits oiseaux, que vous êtes heureux
De ne sentir nulle contrainte,
Et de pouvoir suivre sans crainte
Les doux penchants de vos cœurs amoureux!
Petits oiseaux, que vous êtes heureux!

Un beau berger pour moi soupire...
Je voudrais finir son martyre,
Mais je dois m'armer de rigueurs;
Arbres, témoins de mon délire,
Echos, n'allez pas lui redire
Et mes tourments et mes ardeurs!

Petits oiseaux, que vous êtes heureux, etc.

LE BARON (LYCIDAS), *sortant des bosquets et s'approchant tout à coup et avec passion.*

Bergère!...

STELLA (CLIMÈNE), *feignant le courroux.*

Quelle audace extrême!
Suivre partout mes pas!...

LE BARON (LYCIDAS), *passionné.*
Que voulez-vous qu'on suive, hélas!
Que ce qu'on aime?
STELLA (CLIMÈNE).
Berger, qu'espérez-vous?...
LE BARON (LYCIDAS).
Mourir, belle bergère;
Mourir à vos genoux
De n'avoir su vous plaire...
(*Il s'agenouille.*)
STELLA (CLIMÈNE).
Lycidas, finissez! j'ai peur que, dans ce jour,
La pitié dans mon cœur n'introduise l'amour.
LE BARON (LYCIDAS), *avec transport.*
Qu'entends-je!...
STELLA (CLIMÈNE).
Eh bien, oui, c'est trop de rigueur!
J'ai maltraité votre ardeur,
Chérissant votre personne...
Vengez-vous sur mon cœur;
Berger, je vous le donne.
LE BARON (LYCIDAS), *transporté.*
Ah! je suis hors de moi!
Ah! j'en perdrai la vie!
STELLA (CLIMÈNE).
Digne prix de ta foi,
O sort digne d'envie!
O trop heureuse loi!
LE BARON (LYCIDAS), *aux Nymphes et aux Zéphyrs, etc.*
Que tout, dans la nature,
Célèbre les succès d'une flamme si pure!
STELLA (CLIMÈNE), *à des actrices costumées en Naïades.*
Pour le berger qui m'enflamme
Murmurez, ruisseaux jolis!
LE BARON (LYCIDAS), *à des acteurs figurant les Zéphyrs.*
Pour la reine de mon âme
Soufflez tous, zéphyrs chéris!
STELLA (CLIMÈNE), *aux Naïades.*
Soupirez,
Murmurez,
Doucement,
Tendrement!

ACTE II, SCÈNE VI.

LE BARON (LYCIDAS), *aux Zéphyrs.*

Oui, soufflez
Et volez
Doucement,
Tendrement!

CHOEUR DES NAÏADES.

Soupirons,
Murmurons,
Doucement,
Tendrement!
Oh! oh! oh! ah! ah! ah!

CHOEUR DES ZÉPHYRS.

Oui, soufflons
Et volons
Doucement,
Tendrement!
Oh! oh! oh! ah! ah! ah!

(*Pendant le chœur, danse des Nymphes, après laquelle l'Amour paraît et unit Lycidas et Climène.*)

(FIN DE LA PASTORALE.)

LE BARON, *aux acteurs.*

Ce n'est pas mal, et de ce chant
Je suis content, assez content!...
C'est bien, troupe aimable et folâtre...
Stella, dans une heure au théâtre!

CHOEUR GÉNÉRAL.

Amis, que l'on s'empresse,
Il faut fêter le roi dans ce séjour!
Faisons, pleins d'ivresse,
Eclater sans cesse
Nos chants d'amour!
Ah! quel beau jour!

(*Ils sortent tous, excepté Stella et le chevalier, qui est revenu en scène.*)

LE CHEVALIER, *à Stella.*

Bien, mon enfant, très-bien... vous ferez merveilles.. La comtesse est vaincue, et Raymond est à nous!

SCÈNE VII.

STELLA, LE CHEVALIER, LA COMTESSE.

LA COMTESSE, *paraissant, à part :*

Stella avec le chevalier !... (*Venant en scène, haut :*) Stella ! vous ici, à la cour, et sous ce costume ?

LE CHEVALIER, *d'un ton railleur.*

On dirait, belle comtesse, que notre présence ne vous est pas très-agréable.

LA COMTESSE.

La vôtre, chevalier, je n'en disconviens pas.

LE CHEVALIER, *s'inclinant.*

Je n'attendais pas moins de votre estime.

LA COMTESSE.

Quant à Stella, je suis bien aise de la voir.

STELLA, *étonnée.*

Moi, madame ?

LE CHEVALIER.

C'est généreux de votre part...

LA COMTESSE.

Que voulez-vous dire, chevalier ?

LE CHEVALIER.

Qu'il est généreux à la grande dame, à la noble protectrice de Raymond, de voir sans dépit devant elle (*Désignant Stella.*) une prétention...

LA COMTESSE.

Ah ! chevalier, votre méchanceté égare votre raison.

LE CHEVALIER.

Qu'entendez-vous par là, comtesse ?

LA COMTESSE, *avec un peu de dignité.*

Vous avez fait croire à cette enfant que j'étais pour Raymond une protection intéressée, et pour elle une concurrence dangereuse !

STELLA, *naïve.*

Il est vrai, madame.

LE CHEVALIER.

Je n'ai parlé qu'après l'opinion publique, et l'opinion publique, moi, je la respecte toujours.

LA COMTESSE.

C'est généreux de votre part.

LE CHEVALIER.

Plaît-il ?

LA COMTESSE.

C'est même évangélique... Rendre ainsi le bien pour le mal...

LE CHEVALIER, *s'inclinant.*

Je n'attendais pas moins de votre charité.

LA COMTESSE.
Stella, le chevalier s'est trompé.

LE CHEVALIER, *hochant la tête.*
C'est très-poli, mais peu sincère.

LA COMTESSE, *d'un ton plus ferme.*
Le chevalier vous a trompée.

LE CHEVALIER.
C'est plus sincère, mais moins poli.

STELLA, *avec douceur.*
Mon Dieu, madame, je ne demande, moi, qu'à vous chérir et à vous honorer; mais tant que vous n'aurez pas retiré à mon fiancé une protection qui me sépare de lui, comment voulez-vous que je ne croie pas ce que m'a dit monsieur le chevalier?

LE CHEVALIER.
L'argument est pressant et la réponse difficile.

LA COMTESSE.
La réponse? elle est prête, et, j'en suis sûre, elle persuaderait cette noble enfant.

STELLA, *alarmée.*
Madame...

LE CHEVALIER.
Eh bien! donnez-la, cette réponse.

LA COMTESSE.
A vous, chevalier? Non... à elle, seule, oui.

LE CHEVALIER.
J'ai la confiance de Stella...

LA COMTESSE, *avec un sourire.*
Elle aurait pu la mieux placer...

LE CHEVALIER.
Enfin, elle m'a accepté pour conseiller.

LA COMTESSE.
Et moi, je ne vous accepte pas pour juge... La confiance, vous savez, ne se...

LE CHEVALIER, *continuant.*
Ne se commande pas, c'est vrai.

STELLA.
Mais, madame la comtesse, pourquoi ne pourriez-vous pas devant monsieur le...

LA COMTESSE.
Non, Stella, si vous gardez votre conseiller, je garde ma réponse.

STELLA, *se tournant vers le chevalier avec prière:*
Alors, monsieur le chevalier...

LE CHEVALIER, *avec dépit.*
Il faut que je me retire...

LA COMTESSE.
Vous nous obligerez.

LE CHEVALIER.
Je vous prie de croire, belle comtesse, que ce n'est pas...
LA COMTESSE.
Pour moi, ce que vous en faites; cela se voit de reste.
LE CHEVALIER.
Allons!... mais je suis outré.
LA COMTESSE, *le suivant*.
De quoi?
LE CHEVALIER, *comiquement vexé*.
De ce qu'il n'y a que moi, ici, qui sache vous résister, vous tenir tête!
LA COMTESSE.
Qui sait? vous ferez peut-être un jour comme les autres.
LE CHEVALIER.
Je ne le crois pas!
LA COMTESSE.
Moi, je l'espère!
LE CHEVALIER.
J'ai de bonnes raisons pour cela!
LA COMTESSE.
Et, si j'en ai de meilleures?
LE CHEVALIER.
Nous les comparerons, quand il vous plaira.
LA COMTESSE.
Pas dans ce moment...
LE CHEVALIER.
Non! puisque vous me renvoyez... Du reste, je ne vous dis pas adieu... car, je ne sais pourquoi, mais je n'aime pas que nous restions trop longtemps sans nous trouver ensemble.
LA COMTESSE, *riant*.
Oui, je vous préoccupe!...
LE CHEVALIER.
C'est mon faible, je l'avoue... Au revoir donc, madame!.. A bientôt, Stella!... et je n'ai pas besoin de vous recommander le plus grand respect pour le rang de la comtesse, la plus grande déférence pour son esprit, et particulièrement la plus parfaite... méfiance pour toutes ses paroles!..(*Saluant railleusement la comtesse.*) Madame!.. (*Il sort.*)
STELLA, *à part*.
Oh! qu'il me tarde de savoir!..

SCÈNE VIII.

LA COMTESSE, STELLA.

LA COMTESSE.
Ma chère Stella!

ACTE II, SCÈNE VIII.

STELLA.

Madame, pardonnez-moi l'injure de mes soupçons; mais vous me rendrez mon fiancé, n'est-ce pas? que je l'emmène au village! Une existence obscure nous convient à tous deux.

LA COMTESSE.

A vous, Stella, sans doute; mais non pas à Raymond.

STELLA, *étonnée.*

Non pas à Raymond?

LA COMTESSE.

Me promettez-vous de ne révéler à personne ce que je vais vous dire?

STELLA, *troublée.*

Madame...

LA COMTESSE.

Sans cette promesse, je dois me taire.

STELLA.

Je le promets.

LA COMTESSE.

Apprenez donc un secret, que votre douleur et vos injurieux soupçons peuvent seuls me forcer à vous confier.

STELLA.

Un secret?

LA COMTESSE.

Raymond est d'une haute naissance, et ne peut plus vous appartenir.

STELLA, *poussant un cri.*

Ah!

LA COMTESSE.

C'est au nom d'une illustre famille que je vous parle...

STELLA.

Raymond n'est plus orphelin!

LA COMTESSE.

Silence! ce secret est pour vous seule!.. Et vous me jurez de ne le révéler à personne, pas même à lui!.

STELLA.

Eh! quoi, Raymond l'ignore?...

LA COMTESSE.

Et il doit l'ignorer toujours... car il y va de son bonheur, de sa vie peut-être...

STELLA, *vivement.*

Je me tairai!..

LA COMTESSE.

Stella... j'ose attendre de vous quelque chose de plus encore...

STELLA.

Parlez, madame...

LA COMTESSE.

Non-seulement vous devez, dans l'intérêt de son avenir, renoncer à Raymond, mais le déterminer vous-même à renoncer à vous.

STELLA.

Moi !..

LA COMTESSE.

Car il vous aime toujours...

STELLA.

Il m'aime !.. et vous voulez !..

LA COMTESSE.

Ce n'est pas moi qui veux... c'est sa famille...

STELLA.

Je ne puis...

LA COMTESSE, *mystérieusement.*

C'est sa mère !..

STELLA, *avec explosion.*

Sa mère !... (*Après une pause.*) J'obéirai !

LA COMTESSE.

Bien, Stella, bien. (*A part.*) Oh ! le ciel doit une récompense à ce dévouement !.. (*Haut.*) A bientôt, Stella, à bientôt !..
(*Elle entre dans le pavillon.*)

SCÈNE IX.

STELLA, *seule.*

CHANT.

Soyons fidèle à ma promesse !
Son bonheur seul, voilà ma loi !
Si je renonce à ta tendresse,
Raymond, c'est par amour pour toi !

SCÈNE X.

STELLA, RAYMOND.

DUO.

RAYMOND, *accourant avec transport.*

Stella, c'est moi !
Je te revoi !
Dieu ! quelle ivresse !
Jour enchanteur !

ACTE II, SCÈNE X.

Viens, sur mon cœur
Que je te presse !
Viens sur mon cœur !

STELLA, *à part, prête à défaillir.*

O ciel ! soutenez mon courage !

RAYMOND, *inquiet.*

Stella, tu ne me réponds pas ?...

STELLA, *à part, se maîtrisant.*

Et ne pas voler dans ses bras !

RAYMOND.

J'allais te chercher au village
Quand on m'a dit : « Elle est ici ! »
Et me voici,
C'est ton ami !...
Je te revois, Dieu ! quelle ivresse !
Jour enchanteur !
Viens, sur mon cœur
Que je te presse !
Viens sur mon cœur !

(*Regardant Stella qui est accablée.*)

Mais, grand Dieu ! quelle indifférence !
Un mot, un seul mot, par pitié !...

STELLA, *avec effort.*

Raymond !

RAYMOND.

Eh bien ?...

STELLA.

Pour nous plus d'espérance !...
Que notre amour soit oublié !

RAYMOND, *avec élan.*

Notre amour serait oublié !...
Non, non, tu ne peux pas le croire ..
Tu veux m'éprouver, je le vois...
Va, si j'ai cherché quelque gloire,
Stella, ce n'était que pour toi !

STELLA, *à part, avec amour.*

Pour moi ! pour moi !

RAYMOND.

Si j'ai désiré la richesse,
Stella, c'était pour te l'offrir...
Un seul vœu me guidait sans cesse :
Embellir
Tout ton avenir !

STELLA, *à part, défaillante.*

Ah ! je succombe à ma faiblesse !
Lui, que je veux toujours chérir,

Il faut repousser sa tendresse,
Et pour jamais il faut le fuir!
   RAYMOND, *avec passion.*
Stella, le bonheur nous appelle,
Et nos doux nœuds seront bénis!...
(*L'observant.*)
  Mais tu pâlis...
  Crainte nouvelle!..
Grand Dieu! seriez-vous infidèle!...
Répondez-moi!...
   STELLA, *à part.*
   Cruels moments!
   RAYMOND.
Trahiriez-vous tous vos serments?....
Rassurez-moi!...
   STELLA, *à part.*
   Cruels moments!..
(*Haut, avec hésitation.*)
Raymond, ah! c'est vous seul que j'aime...
Mais, il le faut, séparons-nous!
Pour moi c'est un devoir suprême;
Jamais je ne dois être à vous!
   RAYMOND.
Stella, tu me serais ravie!
Tu briserais tous nos liens?...
Non jamais! Ta vie est ma vie!...
Et pour toujours tu m'appartiens!
   STELLA.
Raymond, voyez ma peine extrême...
Mais il le faut; séparons-nous!
  C'est un arrêt suprême!
  Je ne puis être à vous!
   RAYMOND, *avec indignation.*
Ah!...
J'accours, j'accours près d'elle,
 Heureux de la revoir;
 L'ingrate! la cruelle!
 Me livre au désespoir!
   STELLA, *à part, avec angoisse.*
Hélas! douleur mortelle!
Le fuir!... ne plus le voir...
 Je dois être fidèle
 A ce fatal devoir!
(*Haut.*)
Adieu!...
   RAYMOND, *avec désespoir.*
Tu veux me fuir?... Eh bien, je te suivrai....

ACTE II, SCÈNE XI.

(*S'exaltant.*)
Et, sous tes yeux, je me tûrai!

STELLA.

Oh! ciel!

Ensemble.

RAYMOND.
Douleur, douleur mortelle!
Hélas! ne plus la voir!
L'ingrate! la cruelle,
Me livre au désespoir...
Pour moi, pour moi plus d'avenir!
Oui, sous ces yeux je veux mourir!

STELLA.
Douleur, douleur mortelle!...
Je crains son désespoir!...
Faut-il rester fidèle,
A ce fatal devoir?...
Que faire hélas! que devenir?...
Lui!... sous mes yeux... il veut mourir!

(*Musique à l'orchestre jusqu'à la fin de l'acte, sur le dialogue.*)

SCÈNE XI.

LES MÊMES, LA COMTESSE.

LA COMTESSE.

Raymond!...

RAYMOND.

Madame...

STELLA.

Il veut mourir!..

LA COMTESSE.

Je vous le défends...

RAYMOND.

Je n'écoute rien...

LA COMTESSE.

Au nom de votre mère!...

RAYMOND, *s'arrêtant.*

Ma mère!... Ma mère!... (*Regardant Stella*). Ah! je comprends...

SCÈNE XII.

Les Mêmes, *puis* LE CHEVALIER, *paraissant au fond.*

LA COMTESSE, *continuant, à Raymond.*
Elle a tout entendu… (*Montrant le pavillon.*) Elle est là, dans la terreur et dans les larmes…

RAYMOND.
Oh! je veux la voir, lui dire…

LA COMTESSE.
La voir… c'est impossible!… mais l'embrasser… oui… dans l'ombre.. être près d'elle un moment… Venez! venez!…

RAYMOND.
Stella! espère et attends-moi!… (*Il entre avec la comtesse dans le pavillon*).

SCÈNE XIII.

STELLA, LE CHEVALIER.

LE CHEVALIER, *venant rapidement près de Stella et avec une terreur mystérieuse.*
Fuyez, Stella, fuyez!…

STELLA.
Il m'a dit de l'attendre!… il m'a dit d'espérer…

LE CHEVALIER.
Fuyez, fuyez, vous dis-je!… Si vous saviez ce que je viens d'apprendre! et c'est l'intérêt seul que vous m'inspirez qui me fait retarder l'exécution d'un ordre souverain… ne pensez plus à Raymond… c'est entre vous et lui une séparation éternelle… Fuyez! fuyez!…

(*Il disparaît rapidement par le fond*).

SCÈNE XIV.

STELLA, RAYMOND.

RAYMOND, *ivre de joie sortant du pavillon.*
Stella… je viens d'embrasser ma mère… je n'ai pu voir ses traits, et je dois toujours ignorer son nom; mais elle m'a pressé sur son cœur. (*Tirant de son sein un mouchoir richement brodé.*) Et ce gage qu'elle ne me destinait pas, mais que, dans son émotion, elle a laissé tomber… il ne me quittera jamais!…

STELLA, *qui a examiné avec une agitation croissante un des coins flottants du mouchoir.*

Grand Dieu!...

RAYMOND.

Qu'as-tu donc, Stella?...

STELLA.

Ce gage, Raymond, vous ne l'avez pas regardé?...

RAYMOND, *regardant le mouchoir.*

Que vois-je!... les armes royales de France!

(*A ce moment le chevalier et un homme masqué qui lui donne des ordres paraissent au fond suivis de quelques gardes.*)

STELLA.

Et il appartient à votre mère!

RAYMOND, *avec orgueil.*

Ma mère!... mais alors, Stella, je suis le frère...

SCÈNE XV.

LES MÊMES, LE CHEVALIER, LE PERSONNAGE MASQUÉ, LES GARDES. (*Ils enveloppent vivement Raymond, sur un signe du personnage mystérieux qui disparaît.*)

STELLA, *à genoux aux pieds du chevalier.*

Grâce! grâce!

(*On emmène Raymond. Le chevalier regarde un instant avec émotion Stella suppliante, puis il s'arrache d'auprès d'elle. — Le rideau baisse.*)

FIN DU DEUXIÈME ACTE.

ACTE TROISIÈME.

LE MONASTÈRE DE LÉRINS.

Une vaste galerie du cloître ouverte au fond sur la mer. A droite, l'entrée des cellules. Près de cette entrée, un prie-dieu. A gauche, la porte de la chapelle.

SCÈNE I.

LA COMTESSE, STELLA, MOINES, PAYSANS, PAYSANNES.
(*Au lever du rideau, violent orage. On voit, au fond, le ciel obscurci et sillonné d'éclairs. La comtesse et Stella sont assises à droite. A gauche et au fond, des moines et des paysans sont en prières.*)

CHOEUR.

Dieu tutélaire,
Exaucez-nous!
Notre prière
Monte vers vous!

Apaisez la rage
Des vents et des flots!
Sauvez du naufrage
Pauvres matelots!

Dieu tutélaire, etc.

SCÈNE II.

Les Mêmes, Pêcheurs, Matelots, *arrivant de toutes parts avec effroi.*

CHOEUR.

Des vents mutinés
La fureur soulève
Les flots déchaînés;
L'orage s'élève,
Le ciel obscurci
Gronde sur nos têtes;
Cherchons un abri
Contre les tempêtes!

UN MATELOT, *accourant.*
O terreur ! j'ai vu s'approcher
Un vaisseau battu par l'orage,
Qui, poussé contre le rivage,
Va se briser sur un rocher !
LA COMTESSE.
Les malheureux !... ils vont périr !
A leur aide il vous faut courir !
LES MOINES, *aux pêcheurs et aux matelots.*
Quels périls ! que de victimes !
Allez vite à leur secours !
A la mer, à ses abîmes,
Il faut disputer leurs jours !
LES PÊCHEURS ET LES MATELOTS.
Quels périls ! que de victimes !
Allons vite à leur secours !
A la mer, à ses abîmes,
Il faut disputer leurs jours !

(*Les pêcheurs et les matelots sortent par le fond à droite. Les moines disparaissent par la gauche.*)

SCÈNE III.

STELLA, LA COMTESSE.

LA COMTESSE.

Allons, ma chère enfant, reprends un peu courage.

STELLA.

Ah ! madame, ne vous semble-t-il pas que le ciel n'est plus pour nous ?

LA COMTESSE, *souriant.*

Au contraire, puisqu'il nous a fait trouver un asile contre la tempête dans ce monastère de l'île Saint-Honorat, où nous pouvons attendre la fin de l'orage, pour remettre à la voile et nous rendre dans l'île Sainte-Marguerite. Rassure-toi donc, à moins que je ne t'inspire plus de confiance.

STELLA.

Après Dieu, madame la comtesse, c'est vous qui êtes mon espérance et ma foi. Sans vous, sans votre pitié qui m'a attachée à votre personne, que serais-je devenue ? Rappelez-vous ces longs jours d'incertitude et d'angoisses qui se sont écoulés depuis que Raymond fut enlevé de la cour par M. de Saint-Mars et le chevalier de Rosargue et transporté dans l'île Sainte-Marguerite.

LA COMTESSE.

Où il expie le malheur de sa naissance... Oui, mon enfant, lorsque la reine mit au monde, en même temps, Louis XIV et son frère, de graves conseillers craignirent que, plus tard, des prétentions rivales ne vinssent troubler la paix du royaume, et l'on décida que celui des deux princes qui était né le premier serait le roi, et que l'autre, à l'insu de la reine, serait relégué dans un village où il ignorerait à jamais son illustre origine.

STELLA.

Pauvre Raymond !

LA COMTESSE.

Mais le cœur de la mère se préoccupa toujours de cet enfant. Elle demanda souvent à le voir, à connaître le lieu où il passait sa vie obscure. On lui répondit par la raison d'Etat. Alors, elle me fit confidence du secret et m'envoya à la recherche de son fils qu'elle eut la funeste pensée de vouloir rapprocher d'elle...

STELLA.

Oh ! oui, bien funeste, car, avant ce jour, il était heureux de son obscurité...

LA COMTESSE.

Il fallut obéir... je me dévouai... je partis.. j'arrivai dans le village de Moret...

STELLA, *en soupirant.*

Oui, madame... je sais le reste...

LA COMTESSE.

Mais ce que tu ne sais pas, c'est que, pour dérober ses traits aux yeux de tous, il a fallu ajouter encore aux rigueurs de sa captivité, en chargeant son front d'un masque de fer.

STELLA.

Grand Dieu ! Mais, du moins, madame la comtesse, vous êtes sûre que nous allons le revoir, le consoler, adoucir son malheur.

LA COMTESSE.

Oui, mon enfant; la reine-mère a obtenu du cardinal que la garde du prisonnier fût confiée au baron, nommé, pour cela, gouverneur de l'île Sainte-Marguerite à la place de M. de Saint-Mars qui partira, à notre arrivée, pour aller prendre le gouvernement de la Bastille.

STELLA.

Mais le chevalier de Rosargue reste toujours près de Raymond en qualité de sous-gouverneur ?

LA COMTESSE, *avec finesse.*

C'est moi qui l'ai demandé... J'aime mieux que ce soit lui qu'un autre. Le chevalier peut nous servir.

STELLA, *étonnée.*

Le chevalier... mais il est votre plus cruel ennemi, Madame !

LA COMTESSE, *souriant.*

Aussi n'est-ce pas sur son amitié que je compte.

SCÈNE IV.
LA COMTESSE, STELLA, LE BARON.

LE BARON, *effaré*.

Madame... madame!

LA COMTESSE.

Eh! mon Dieu, baron! d'où vient le trouble où vous voilà?

LE BARON.

Ah! si vous saviez...

LA COMTESSE.

Voyons, remettez-vous.

LE BARON.

C'est ce que je fais, mais peu à peu... graduellement,... le cœur de l'homme est comme la mer, qui ne peut se calmer tout d'un coup.

LA COMTESSE.

Enfin, parlez, mais parlez donc!

LE BARON.

Savez-vous quel est le vaisseau en détresse qu'on nous signalait tout à l'heure et qui vient d'aborder ici?

LA COMTESSE.

Non.

LE BARON.

Celui de M. de Saint-Mars, qui transporte son prisonnier à la Bastille.

LA COMTESSE.

Impossible.

STELLA.

Ciel! Raymond!

LE BARON.

Je l'ai vu comme je vous vois. C'est-à-dire son masque m'a empêché...

LA COMTESSE, *à part*.

Oh! M. le cardinal!...

LE BARON.

De sorte, comtesse, qu'il est inutile maintenant de nous rendre à l'île Sainte-Marguerite... où nous ne trouverons que le chevalier de Rosargue.

STELLA, *désolée*.

Madame, plus d'espoir alors!...

LA COMTESSE.

Oui, s'il en est ainsi, tout est perdu... mais je ne puis croire encore...

LE BARON, *montrant le fond du théâtre*.

Voyez, comtesse, voyez si je me suis trompé...

(*Musique à l'orchestre.*)

SCÈNE V.

Les Mêmes, M. de SAINT-MARS, RAYMOND, *masqué, suivi de gardes.*

(*Raymond traverse le théâtre. — M. de Saint-Mars se tient à côté de lui, la tête découverte. — Raymond entre dans une cellule à droite. suivi de M. de Saint-Mars; sur un geste de celui-ci, les soldats, qui s'étaient arrêtés au fond, se sont retirés. — Dès que le cortége a disparu, on entend, au fond à gauche, la voix du chevalier.*)

LE CHEVALIER, *à haute voix dans la coulisse.*

Que tous ces ordres soient fidèlement exécutés!

LA COMTESSE, *vivement.*

Le chevalier de Rosargue!.. Stella, baron, (*Désignant la gauche.*) retirez-vous là tous les deux...

LE BARON.

Mais, vous laisser seule avec le chevalier?...

LA COMTESSE, *à demi-voix.*

Vous oubliez donc que nous avons contre lui un moyen!...

LE BARON, *de même.*

Ah! je comprends... (*Haut.*) Venez, Stella, venez... (*A la comtesse.*) Ah! madame, puissiez-vous réussir!... (*Il sort avec Stella par la gauche.*)

SCÈNE VI.

LE CHEVALIER, LA COMTESSE.

LE CHEVALIER, *entrant.*

Maudit orage qui nous arrête en chemin!

LA COMTESSE.

Chevalier!

LE CHEVALIER, *très-étonné.*

La comtesse de Montbriant!... Quelle rencontre imprévue!

LA COMTESSE.

M'expliquerez-vous, monsieur de Rosargue?...

LE CHEVALIER.

Comment il se fait que je ne vous aie pas attendue à l'île Sainte-Marguerite? Demandez à M. le cardinal, qui, en nommant le baron gouverneur de cette île, nous ordonnait d'en partir, avant votre arrivée, pour transporter le prisonnier à la Bastille.

LA COMTESSE.

Mais c'est une trahison... une déloyauté!

ACTE III, SCÈNE VI.

LE CHEVALIER, *avec ironie.*

Du tout! car le baron n'en reste pas moins gouverneur de Sainte-Marguerite, où il n'aura, par exemple, à gouverner que sa charmante future... emploi qui lui fera bien des jaloux, à commencer par moi!

LA COMTESSE.

Pardon, chevalier, auriez-vous quelques instants à me consacrer?

LE CHEVALIER.

Mes instants ne m'appartiennent guère... et dans la circonstance...

LA COMTESSE.

Ils sont précieux, n'est-ce pas?

LE CHEVALIER.

C'est ce que j'allais ajouter!

LA COMTESSE.

Je vous en serai d'autant plus reconnaissante, et il dépend de vous que je n'en abuse pas!

LE CHEVALIER.

Je suis à vos ordres, madame la comtesse!

LA COMTESSE.

Vous avez de l'esprit, chevalier!

LE CHEVALIER.

Oh! qui n'en a pas...

LA COMTESSE.

Comment?

LE CHEVALIER.

Excepté les imbéciles!...

LA COMTESSE.

Vous doutez-vous de ce que j'ai à vous demander?

LE CHEVALIER.

Si c'est mon admiration pour tant de grâces, ne demandez pas, c'est fait.

LA COMTESSE.

Vous êtes charmant!

LE CHEVALIER.

Vous êtes trop bonne!.. Mais enfin que me demandez-vous?

LA COMTESSE.

D'abord, que vous me promettiez à l'avance de m'accorder, quel qu'il soit, l'objet de ma requête.

LE CHEVALIER, *galant.*

Je puis tout pour vous plaire.

LA COMTESSE.

Merci.

LE CHEVALIER, *moqueur.*

Excepté cela.

LA COMTESSE.
Ah! chevalier, vous n'êtes pas aimable.
LE CHEVALIER.
Ce n'est pas dans mes instructions...
LA COMTESSE.
C'est bien, n'en parlons plus...
LE CHEVALIER, *se rapprochant.*
C'est ça, parlons d'autre chose...
LA COMTESSE.
Chevalier?...
LE CHEVALIER.
Comtesse?...
LA COMTESSE, *négligemment.*
Y a-t-il longtemps que vous n'êtes retourné au village de Moret?
LE CHEVALIER, *avec défiance.*
Je ne l'ai pas revu depuis le jour où j'ai eu l'honneur de vous y rencontrer...
LA COMTESSE.
Jolie fête, ce jour-là!...
LE CHEVALIER.
Charmante fête, ce jour-là!...
LA COMTESSE.
Mais qui fut interrompue par un sinistre événement...
LE CHEVALIER, *après un mouvement.*
Lequel?
LA COMTESSE.
Vous savez bien...
LE CHEVALIER.
Non...
LA COMTESSE.
Un incendie!...
LE CHEVALIER, *se maîtrisant.*
Ah! oui...
LA COMTESSE.
Vous l'aviez oublié?...
LE CHEVALIER.
J'ai très-peu de mémoire.
LA COMTESSE.
C'est ce qui arrive aux gens qui ont beaucoup d'esprit.
LE CHEVALIER.
Je m'étonne alors que vous vous en souveniez...
LA COMTESSE.
Vous êtes charmant!
LE CHEVALIER.
Vous êtes trop bonne!

ACTE III, SCÈNE VI.

LA COMTESSE.
Connaîtriez-vous l'auteur de ce méfait?

LE CHEVALIER.
Du tout.

LA COMTESSE.
Seriez-vous curieux de le connaître?

LE CHEVALIER.
Pourquoi faire?

LA COMTESSE.
Pour veiller sur votre maison si vous l'y voyez entrer jamais...

LE CHEVALIER.
Je n'ai pas de maison à moi; je suis logé aux frais du gouvernement.

LA COMTESSE.
Et... et... votre parti est pris? Vous ne voulez pas m'accorder à l'avance ce que j'aurais à vous demander?...

LE CHEVALIER, *après un temps.*
Voyons! que me donneriez-vous en échange?

LA COMTESSE.
Une chose bien précieuse...

LE CHEVALIER.
Le fait est que vous en possédez tant!... et c'est?

LA COMTESSE.
Un autographe.

LE CHEVALIER, *se maîtrisant.*
Un autographe?

LA COMTESSE.
Oui...

LE CHEVALIER.
De qui?

LA COMTESSE.
Devinez!

LE CHEVALIER.
De Louis XIV?

LA COMTESSE.
Non...

LE CHEVALIER.
De Molière?

LA COMTESSE.
Mieux que cela...

LE CHEVALIER.
De Mazarin?

LA COMTESSE.
Mieux encore...

LE CHEVALIER.
Du Diable, alors?

LA COMTESSE.

Vous approchez...

LE CHEVALIER.

Mais, enfin, de qui donc?

LA COMTESSE.

D'un incendiaire qui peut acquérir une grande célébrité...

LE CHEVALIER, *se contenant.*

Et cet autographe l'auriez-vous, par hasard, sur vous?

LA COMTESSE.

Le voici!

LE CHEVALIER, *à part, triomphant.*

Ah!... (*Haut.*) Et pourrait-on savoir le contenu?

LA COMTESSE.

Je vais vous le lire... pour vous être agréable. (*Lisant.*) « Quand vous recevrez cette réponse, j'aurai exécuté votre « ordre; la ruine de Raymond sera complète, et il n'y avait « qu'un moyen pour cela, c'était de mettre le feu à sa ferme. — « Signé... »

LE CHEVALIER, *s'emparant vivement du papier et continuant.*

« Le chevalier de Rosargue. »

LA COMTESSE, *froidement.*

Pourquoi donc m'enlever ce que j'allais vous offrir?

LE CHEVALIER, *avec explosion.*

Ce n'est pas ma lettre!...

LA COMTESSE, *raillant.*

Ce n'est qu'une copie! (*Avec vigueur*). L'original est en bonnes mains, et, si vous songiez à nous faire un mauvais parti, une personne a mission de le remettre, sous son enveloppe cachetée, au premier président, un de ces hommes, vous le connaissez, fidèles à leur devoir, et qu'aucune influence ne peut en détourner, pas même celle du roi, pas même celle du cardinal-ministre.

LE CHEVALIER, *à part.*

C'est vrai! (*Haut.*). Qu'attendez-vous de moi?

LA COMTESSE, *avec mystère.*

Que vous favorisiez l'évasion du prisonnier.

LE CHEVALIER.

Vous voulez!...

LA COMTESSE, *à demi-voix et rapidement.*

Jamais occasion plus favorable... Ce lieu-ci n'est pas gardé comme la tour Sainte-Marguerite, et il n'est pas possible que vous ne trouviez pas, dans les ressources de votre imagination, une idée heureuse, et, dans votre courage, l'énergie nécessaire pour l'exécuter...

LE CHEVALIER.

Mais je me perds, madame!...

LA COMTESSE.

Au contraire... votre fortune est faite... Le vaisseau qui nous a amenés ici, et qui est sur le point de mettre à la voile, vous emmènera avec nous, loin de la France... (*Moment de silence.*) Eh bien?

LE CHEVALIER.

Il me faut le temps d'y songer.

LA COMTESSE.

Je vous laisse, alors... et je vais donner des ordres pour notre départ, sûre à l'avance de la réponse que votre intérêt vous dira de nous faire... (*Elle sort par le fond à droite.*)

SCÈNE VII.

LE CHEVALIER, seul.

Je comprends tout maintenant... Cette rencontre dans le village de Moret, c'était un stratagème... Cette persistance du baron à m'offrir du vin, c'était une perfidie... Cet ordre, qui a déterminé mon imprudente réponse, c'est la comtesse qui l'a dicté, c'est le baron qui l'a écrit... Ah! baron, cher ami de mon cœur, il y aura, tôt ou tard, (*Montrant son épée.*) ce trait d'union entre nous deux... Mais qu'est-ce que je dis là?... Désormais, je suis à leur merci... Je suis vaincu!... (*Il demeure absorbé.*)

SCÈNE VIII.

LE CHEVALIER, LE BARON.

LE BARON, *entrant en tapinois par la gauche.*

Je suis impatient de savoir ce qu'aura fait la comtesse... (*Apercevant le chevalier.*) Oh! rien qu'à le voir, il est à nous!... (*Haut.*) Hum! hum!... Chevalier?

(*Le chevalier revient à lui*).

LE CHEVALIER, *à part.*

Le baron!... C'est peut-être mon étoile qui me l'envoie... Essayons!...

LE BARON, *avec fatuité.*

Qu'est-ce donc, chevalier?... Tu as l'air bien préoccupé!

LE CHEVALIER.

Oui, nous venons de nous engager, la comtesse et moi, à un service réciproque, et tu me vois cherchant les moyens de remplir mon engagement.

LE BARON.

Eh bien?

LE CHEVALIER *en confidence.*

Eh bien! je vous livre l'intéressant prisonnier, et vous me livrez...

LE BARON.

Quoi?

LE CHEVALIER.

Tu sais bien.

LE BARON.

Moi!

LE CHEVALIER.

Ne fais donc pas l'ignorant, puisque je suis des vôtres....

LE BARON.

Non! d'honneur, je te jure...

LE CHEVALIER.

Ah! baron, je t'aimais avant ce trait de génie; maintenant, je t'admire!...

LE BARON, *stupéfait.*

J'ai été capable d'un trait de gé....

LE CHEVALIER.

Se trouver comme par hasard sur mon chemin; me faire boire pour troubler ma raison, puis, m'écrire un billet sans orthographe pour mieux garder l'incognito! (*Riant.*) Bien joué!

LE BARON.

Quoi! tu sais...

LE CHEVALIER.

Quand la comtesse m'a raconté ce tour, je me suis écrié: (*Riant.*) Ah! ah! c'est ravissant!

LE BARON.

Ma foi, puisqu'on t'a dit... Oui, ce n'est pas maladroit... Ah! ah! ah!   (*Ils rient tous deux*).

LE CHEVALIER, *reprenant son flegme.*

Ainsi donc, comme je disais, en échange du pauvre prisonnier que je dois vous livrer, la comtesse m'a dit le signalement et la demeure de l'homme qui doit me remettre l'original de ma réponse à ton ingénieux billet. (*Il observe fixement le baron.*)

LE BARON, *à part.*

Comme c'est adroit pour le faire courir! (*Haut.*) Ah! elle t'a donné le signalement?...

LE CHEVALIER.

Exact: Quarante ans environ. — D'une taille ordinaire. — D'une physionomie très-ordinaire aussi. — Regard timide... (*A part, observant le baron.*) Il se trouble! (*Haut.*) — Front fuyant. — Jambe incorrecte. — Signes particuliers: tremblement nerveux.

LE BARON, *balbutiant.*

Et sa demeure?

LE CHEVALIER.

Ile Saint-Honorat, dans le monastère de Lérins, salle du Cloître, en face du chevalier de Rosargue!

LE BARON, *portant instinctivement sa main à la poche de sa veste.*

Il sait tout!

ACTE III, SCÈNE VIII.

LE CHEVALIER, *à part, observant le baron.*

Ah!

LE CHEVALIER.
DUO (*très-vif.*)
Il faut me rendre ici
Un service d'ami...

LE BARON.
Parle!...

LE CHEVALIER.
Tu caches avec soin
Cet écrit dont j'ai grand besoin.

LE BARON.
Un écrit? moi! qui te l'a dit?...

LE CHEVALIER.
Baron, c'est ton air interdit...

LE BARON.
Comment sait-il?...

LE CHEVALIER.
J'ai deviné.

LE BARON, *à part.*
Ah! c'est donc un diable incarné!

LE CHEVALIER, *d'une voix tendre.*
Voyons, ne te fais pas prier,
Lorsque je viens te supplier;
Il vaut bien mieux, mon tendre ami,
Ne pas obliger à demi.

LE BARON, *à part.*
Oui, c'est le diable! il est sorcier!
Mais que faire?... maudit papier!
Un refus... et ce tendre ami
Va me faire un mauvais parti!

LE CHEVALIER, *tendant la main.*
Donne! allons, promptement.

LE BARON.
Mais si j'allais pourtant
Refuser?...

LE CHEVALIER.
J'ai tout prêt
Un argument parfait...
(*Tirant son épée du fourreau et la mettant sous son bras.*)
Cher baron, le voilà;
Il te décidera.

LE BARON, *saisi d'effroi.*
Le malheureux! il oserait?...
Comme il le dit, il le ferait!
(*Haut*).
Mais qui peut affirmer cela?...
Ce billet... j'ignore...

LE CHEVALIER, *désignant la poche où est le billet, avec la pointe de son épée.*
Il est là.
(*Le baron fait un bond*).
Voyons, ne te fais pas prier,
Lorsque je viens te supplier;
Il faut toujours, mon tendre ami,
Ne pas obliger à demi.
LE BARON, *à part.*
Ah! c'est le diable! il est sorcier!
Il faut céder... maudit papier!...
Un refus... et ce tendre ami
Me ferait un mauvais parti!
(*A la fin de l'ensemble, le chevalier s'est rapproché du baron et le touche presque avec son épée.*)
LE BARON, *au comble de l'effroi.*
Mais que fais-tu?... Voici! voici!...
(*Il tire l'écrit de sa poche.*)
LE CHEVALIER, *s'en emparant.*
Ce cher baron! merci! merci!
(*Avec exaltation comique.*)
Qu'il est doux d'avoir un ami!...
Heureux qui possède un ami!
LE BARON, *à part.*
Hélas! hélas! tout est fini!...
Maudit soit un pareil ami!
(*Il sort précipitamment dans le plus grand trouble.*)

SCÈNE IX.

LE CHEVALIER; *puis* SAINT-MARS, RAYMOND (*sans le masque*). GARDES AU FOND.

LE CHEVALIER, *seul, avec joie.*
Enfin je tiens ce fatal billet!... (*Il le déchire*).
(*Musique en sourdine jusqu'à la fin de la scène*).
SAINT-MARS, *paraissant par la droite à côté de Raymond, la tête découverte et avec beaucoup de déférence..*
Monseigneur peut librement ici respirer quelques instants... Chevalier, allez avertir le vénérable prieur de ce monastère et accompagnez-le près de monseigneur... Son Altesse attend de lui quelques paroles de consolation. (*Raymond fait un geste d'assentiment.*) — (*Bas au chevalier.*) Quant à moi, je cours faire garder toutes les issues jusqu'au moment du départ, et, lorsque le navire éclaireur sera prêt, vous nous précéderez; nous ne tarderons pas à vous suivre...
(*Saint-Mars et le chevalier sortent avec les gardes par le fond.*)

SCÈNE X.

RAYMOND, *seul. Il est pâle et accablé.*

AIR.

Fils de roi, quelle est ma couronne ?...
C'était trop peu d'une prison !
Sous un masque l'on emprisonne
Et mes regards et ma raison !
Déjà ma jeunesse est passée !...
Mon Dieu ! mon Dieu ! j'ai tant souffert !...
    Et ma pensée,
    Elle est glacée
Sous cette enveloppe de fer !
Point de pitié pour mes alarmes !
Je vois se fermer tous les cœurs...
Pas une larme pour mes larmes,
Pas un écho pour mes douleurs !
En naissant, le doux nom de mère
A ma bouche fut interdit,
Et du noble berceau d'un frère,
Enfant royal, je fus proscrit.
Oh ! gardez, gardez la puissance,
A vous splendeur et royauté !
Mais laissez à mon existence
L'air du ciel et la liberté !...
    (Il tombe accablé sur un siége.)
    Ah ! je sens ma paupière
    Céder... s'appesantir...
    Hélas ! dans ma misère,
    Moi, j'ai peur de dormir...
    (Cédant au sommeil).
Car... même à ma détresse...
Le sommeil ne rend plus...
Les jours de ma jeunesse...
Les biens que j'ai perdus !
(Sa tête appesantie tombe sur sa main. — Il s'endort.)

SCÈNE XI.

RAYMOND, STELLA.

STELLA, *sortant de la chapelle à gauche.*
(Suite du chant.)

Le voilà !... je le vois... tout mon cœur a frémi !...

Il dort!... il dort... mon Dieu, veillez sur lui!...
(*Elle s'approche doucement.*)
Illusion chérie,
Viens rendre à son sommeil
Les fleurs de la prairie,
Les rayons du soleil.
Les jeux de son jeune âge,
Auprès du vieux manoir,
Et les chants sous l'ombrage,
A la brise du soir.
Oh! fais que ma pensée,
Comme dans nos beaux jours,
A la sienne enlacée,
Retrace nos amours!

RAYMOND, *s'agite et rêve.*

Stella! Stella!

STELLA, *avec joie.*

Il me nomme, il m'appelle!...
Ah! mon cœur est ravi!
Sa mémoire est fidèle;
Mon Dieu, soyez béni!
(*Elle s'agenouille auprès de Raymond.*)
Faites que ma pensée,
Comme dans nos beaux jours,
A la sienne enlacée,
Retrace nos amours!

RAYMOND, *s'éveillant.*

Cette voix!... n'est-ce pas un rêve?... Stella, près de moi!... Stella, est-ce bien toi?...

STELLA.

Oui, c'est moi, monseigneur.

RAYMOND, *tristement.*

Monseigneur!... tu es donc bien impatiente de me rappeler, toi aussi, à mon triste sort?

STELLA.

Votre sort? il va changer.

RAYMOND, *incrédule.*

Changer!...

STELLA.

Oui; la comtesse m'a dit d'espérer, Dieu aussi, et je ne vous quitterai que lorsque vous serez libre...

RAYMOND.

Me quitter, si j'étais libre, pourquoi?

STELLA.

La distance qui nous sépare...

RAYMOND.

La distance?... Eh! que m'importe une grandeur funeste qui m'a ravi mon repos et ma joie!... Laisse là ce vain titre qui me rappelle une naissance fatale, et donne-moi le nom que je portais au village, dans nos jours d'espérance et de bonheur...

STELLA.

Raymond...

RAYMOND.

Oui, Raymond... Et, maintenant, te le dirai-je... plusieurs fois déjà de secrets dévouements ont voulu briser mes chaînes... Toutes ces tentatives ont échoué et attiré sur moi de nouvelles rigueurs...

STELLA.

Courage, Raymond, courage!... car une voix secrète me dit qu'aujourd'hui même tu seras libre, heureux...

RAYMOND.

Heureux? je le suis de ta présence inespérée; mais une pensée funeste vient troubler ce bonheur d'un moment.

STELLA.

Que veux-tu dire?

RAYMOND.

Je tremble, Stella, qu'on ne te surprenne près de celui dont nul ne peut voir les traits sans exposer sa liberté et même sa vie!

STELLA.

Que m'importe!...

RAYMOND.

Laisse-moi seul avec ma triste destinée. Je ne veux pas l'aggraver encore du regret d'avoir causé ta perte.

STELLA.

Et moi, je puis tout braver pour te donner une preuve de ma tendresse...

RAYMOND.

Oh! je n'ai jamais douté de ton cœur... Je savais que j'étais toujours présent à ta pensée...

STELLA, *tirant de son sein la fleur d'argent du premier acte.*

Oui, toujours... Et, tiens, Raymond, regarde...

RAYMOND.

La fleur que le paysan de Moret offrait à sa fiancée!...

STELLA.

Elle ne m'a jamais quittée...

RAYMOND.

Donne!... oh! donne... que je l'emporte dans la solitude de ma vie.

STELLA.

Comme le souvenir de nos beaux jours!...

SCÈNE XII.

Les Mêmes, LE CHEVALIER, LE PRIEUR *qui s'arrête à la porte de la cellule à droite.*

LE CHEVALIER.

Stella!... ici!... Mais vous ne savez donc pas que voir le prisonnier à visage découvert, c'est vouloir...

RAYMOND.

Tu l'entends, Stella!...

LE CHEVALIER, *à Stella.*

Tremblez!...

STELLA, *avec exaltation montrant Raymond.*

Je ne tremble que pour lui!...

RAYMOND, *à Stella.*

Éloigne-toi!... fuis!...

STELLA.

Non... te perdre encore!... Ah! monsieur le chevalier, laissez-moi partager son esclavage... Permettez-moi de le voir... quelquefois, sous vos yeux...

LE CHEVALIER, *sombre.*

Le voir!... impossible désormais! Car, une fois enfermé à la Bastille, monseigneur, c'est l'ordre du cardinal, ne doit plus quitter son masque...

STELLA.

Ah!...

RAYMOND.

Que du moins vos rigueurs ne frappent que moi, monsieur... J'ai du courage, vous le savez, et vous n'entendrez aucune plainte... Mais jurez-moi que vous laisserez partir cette jeune fille... que vous respecterez sa liberté...

LE CHEVALIER.

Je ne puis rien promettre...

RAYMOND.

Monsieur...

LE CHEVALIER, *regardant autour de lui avec anxiété.*

A moins que monseigneur ne se retire à l'instant même...

RAYMOND, *vivement.*

Oui, à l'instant... Adieu, Stella, adieu!...

STELLA, *voulant se jeter dans ses bras.*

Raymond!...

LE CHEVALIER, *se plaçant entre eux.*

Monseigneur... on peut venir, et alors je ne serais pas maître...

RAYMOND.

Tu le vois, Stella... je n'ai plus d'espoir qu'en Dieu seul!...
Adieu! adieu! pour toujours!...
(*Il entre dans la cellule. Le prieur le suit. Le chevalier fait quelques pas vers la cellule.*)

SCÈNE XIII.

LE CHEVALIER, STELLA.

STELLA, *avec l'exaltation du désespoir.*

C'en est fait!... ma mère, vous ne priez donc pas là haut pour votre enfant!.... (*Tombant à genoux et invoquant le ciel.*) Juana! Juana! ma mère!...

DUO.

LE CHEVALIER, *revenant vivement près de Stella qu'il relève.*

Grand Dieu! l'ai-je bien entendu!
Stella! réponds... que disais-tu?...

STELLA.

J'invoquais Juana, ma mère,
Qu'un séducteur, hélas!...

LE CHEVALIER.

Ton père!...

STELLA.

Oh! ne prononcez pas ce nom!...
Il a livré ma mère à l'abandon,
Il a causé sa douleur, sa misère...
Et, cette noble femme, à son heure dernière,
Pour lui du ciel implorait le pardon!...
Son dernier mot fut un pardon!

LE CHEVALIER, *à part, avec joie.*

Un pardon!...
Un pardon!...

(*Haut.*)

Et toi, Stella, pardonnes-tu?...

STELLA.

Moi? non!

(*Avec douleur.*)

Il m'a pris mon appui sur la terre!
Un trésor que Dieu seul peut donner,
Le cruel, me priva d'une mère...
Je ne puis, je ne puis pardonner!

LE CHEVALIER, *à part.*
Alors, qu'à jamais elle ignore!...
(*Haut.*)
Sur toi, là-haut, ta mère, veille encore...
Sa voix du ciel a fléchi le courroux...
Il prend pitié de tes alarmes,
Mon enfant!...
STELLA, *lui prenant les mains.*
Vous versez des larmes!
Quel espoir!... ah! consentez-vous
A le sauver?...
LE CHEVALIER, *à part.*
Instant cruel et doux!
Heure bénie!
Mon Dieu! permets
Qu'enfin j'expie
Tous mes forfaits!
STELLA.
Je vous supplie,
En ce moment;
Sauvez ma vie
En le sauvant!

UN MATELOT, *entrant.* — Parlé sur la musique:
Le navire éclaireur n'attend plus que monsieur le chevalier pour remettre à la voile.

LE CHEVALIER, *rapidement et à demi-voix au matelot.*
Éloignez-vous sans moi, et dites à monsieur de Saint-Mars que je pars avec vous et que je suis à bord déjà...
(*Le matelot s'incline et sort.*)

Suite du DUO.

STELLA, *au chevalier.*
N'hésitez plus! le temps nous presse...
LE CHEVALIER, *la regardant avec amour.*
Enfant, pour moi ta voix prira?...
STELLA.
Ah! croyez, croyez ma promesse,
Toujours mon cœur vous chérira.
LE CHEVALIER, *très-ému et avec quelque hésitation.*
Pour que Dieu me soit favorable,
Pour réussir... viens... chère enfant...
Sur mon cœur, trop longtemps coupable
Que je presse un cœur innocent!...
(*Il tend les bras à Stella.*)
STELLA, *s'y précipitant.*
Ah!

LE CHEVALIER, *à part, la pressant sur son cœur.*

Heure bénie !
Mon cœur renait !
Ah ! pour ma vie
C'est un bienfait !

STELLA.

Heure bénie !
En ce moment,
Sauvez ma vie,
En le sauvant.

(*Le chevalier fait encore à Stella un signe d'espérer, en lui montrant le ciel, puis il s'élance dans la cellule où sont entrés Raymond et le prieur. — Stella va s'agenouiller sur le prie-Dieu, à droite.*)

SCÈNE XIV.

STELLA, *seule, puis des* MATELOTS, *des* MOINES, *ensuite* M. DE SAINT-MARS *et des* GARDES, LA COMTESSE, LE BARON, LE MASQUE DE FER, LE PRIEUR.

CHŒUR DES MATELOTS *au dehors.*

Amis, plus d'orage
Au ciel radieux,
Charmons le voyage
Par nos chants joyeux.

STELLA.

O ma mère,
En toi j'espère ;
Dans le ciel que ta prière
Pour nous soit un appui...
Sauve-nous aujourd'hui !

Reprise du Chœur.

Amis, plus d'orage, etc.

(*Les matelots, les moines, les pêcheurs entrent tous. — M. de Saint-Mars s'est approché de la cellule; le Masque en sort.*)

STELLA, *qui a aperçu le Masque, jette un cri.*

Lui !.. lui !.. plus d'espoir !... Le chevalier m'avait trompée !..
(*Elle veut s'élancer vers le Masque. — Sur un geste de M. de Saint-Mars, des gardes l'arrêtent. — Elle tombe défaillante dans les bras de la comtesse, qui la conduit à droite, sur le devant de la scène.*)

SAINT-MARS, *au Masque.*

Monseigneur, le navire éclaireur est déjà parti avec le chevalier... hâtons-nous de le suivre...

LA COMTESSE.

Reviens à toi, Stella... nous allons partir!..

STELLA, *avec désespoir.*

Vous partirez seule... car, moi... je me sens mourir...

(*A ce moment, le Prieur sort de la cellule, et se rapproche de Stella, mystérieusement.*)

LE PRIEUR, *à voix basse.*

Stella!... (*Mouvement de Stella, de la comtesse et du baron.*) Stella!.. (*Il écarte le capuchon. — C'est Raymond.*)

STELLA, LA COMTESSE ET LE BARON.

Raymond!..

RAYMOND, *bas.*

Oui, c'est moi!.. Nous allons quitter la France pour jamais... Un homme généreux trouve dans son dévouement la réparation de nos malheurs dont il fut la cause, et l'expiation des fautes de toute sa vie...

(*Stella veut s'élancer vers l'homme masqué qui s'est arrêté au fond, et qui lui fait un signe de se contenir.*)

RAYMOND, *ramenant Stella sur le devant de la scène, près de la comtesse et du baron.*

Silence!.. J'ai pris l'engagement sacré... (*Au baron et à la comtesse.*) d'être toujours, pour vous, un ami obscur... Pour toi, Stella, le paysan Raymond... (*Regardant le ciel.*) Et, pour Dieu seul, le frère du roi de France!...

(*Stella regarde encore avec reconnaissance l'homme masqué, et, ne pouvant résister à son attendrissement, court se jeter dans ses bras. — La comtesse avec anxiété s'élance vers elle et la ramène près de Raymond. — L'homme masqué fait encore à Stella des signes d'adieu, puis disparait.*)

STELLA, LA COMTESSE, LE BARON, *entourant Raymond sur le devant de la scène.*

Il est sauvé! mon Dieu! merci
Soyez béni!...

CHOEUR DES MATELOTS, *dans le lointain.*

Amis, plus d'orage,
Le ciel est radieux;
Charmons le voyage
Par nos refrains joyeux.

(*Le rideau baisse.*)

FIN DU TROISIÈME ET DERNIER ACTE.

EN VENTE :

L'ABIME

1793 — 1852

PAR JONATHAN

Au feu! au feu! L'enfer s'allume!!!
FAUST.

1 volume in-18, format anglais.

Prix : 1 fr. 25 c.

SOUS PRESSE :

CURIOSITÉS RÉVOLUTIONNAIRES

LES

AFFICHES ROUGES

Reproduction exacte
et Histoire critique des affiches politiques
placardées sur les murs de Paris
depuis le 24 février 1848

AVEC UNE PRÉFACE

PAR

UN GIRONDIN

1 beau volume in-18, format anglais.

SOUS PRESSE.

PROMENADES SENTIMENTALES

D'UN

HUMORISTE

DANS

LONDRES

ET

LE PALAIS DE CRISTAL

PAR

JULES DE PRÉMARAY

1 beau volume in-18, format anglais.

EN VENTE :

Portrait de mademoiselle **MADELEINE BROHAN**, rôle de Marguerite, dans **LES CONTES DE LA REINE DE NAVARRE**, gravé sur acier par M. de Montaut, d'après le dessin original de M. Ch. Doussault.
— Belles épreuves sur papier de Chine.................................... 1 fr. c.
BARDOU aîné, rôle du **DOCTEUR CHIENDENT**, dans la pièce de ce nom. Les deux costumes lithographiés d'après Tony Dury, par A. Lamy.
    Prix, en noir.. » 75
    Prix, sur papier de Chine................................... 1 »
    Prix, colorié avec soin..................................... 1 25

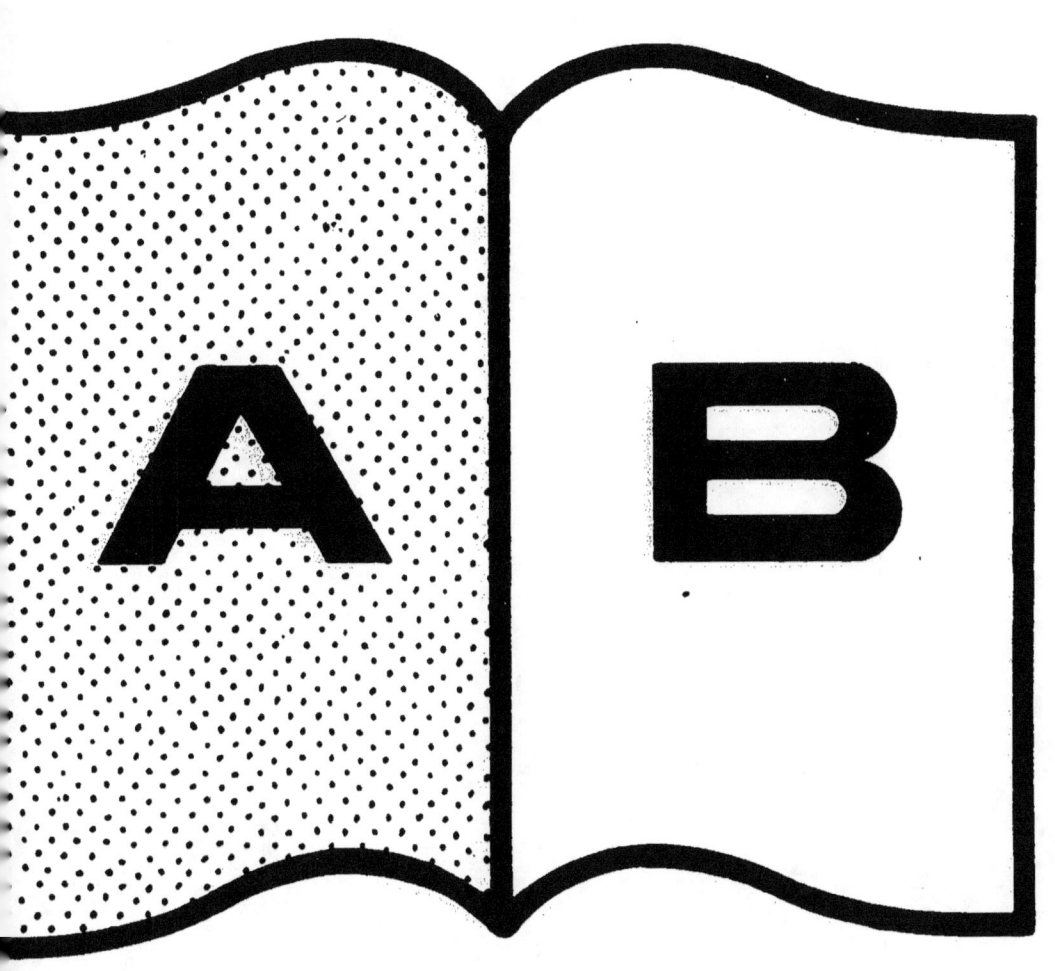

Contraste insuffisant

NF Z 43-120-14

www.ingramcontent.com/pod-product-compliance
Lightning Source LLC
LaVergne TN
LVHW020159100426
835512LV00035BA/1305